KB125441

당신은 생각보다 강하다

당신은 생각보다 강하다

스스로를 괴롭히는 생각의 고리를 끊고
진짜 변화를 불러오는 마음의 기술

전미경 지음

웅진 지식하우스

돌아가신 부모님 영전에 이 책을 바칩니다.

정신과 진료실에서 알게 된
하나의 진실

작년에 나는 아버지를 잃었고, 곧이어 어머니를 잃었다. 위암 4기 진단을 받고 잘 버티시던 아버지의 상태가 갑자기 악화되었다. 통증으로 고통스러워하는 아버지를 면회하고 오면 마음이 심란해서 집안일도 병원 일도 손에 잡히지 않았다. 연명치료 거부 신청서를 쓴 날에는 죄책감과 슬픔이 주체가 안 되어서 집에 돌아와 꺼이꺼이 울었다. 아버지의 병세는 하루가 다르게 안 좋아졌고, 가족들은 전화벨 소리에 신경을 곤두세우며 지냈다. 병상에 누운 아버지가 하는 이런저런 말들이 하나둘 유언이 되는 시간이 다가왔다. 자식들에게는 뇌출혈로 몸이 불편한 어머니를 잘 돌보라고 하셨고, 어머니에게는 밥 잘 먹고 가스비 아끼지 말고 따뜻하게 살라고 하셨다. 나는 아버지 앞에서 울지 않으려고 눈에 힘을 주고 명랑한 척을 하다가 면회 끝나고 나오는 병원 로비에서부터 울기 시작해 주말 내내 울었다. 병원에서 임종이 가까우니 빨리 와야 한다는 전화를 받고 뛰어간 그날 아버지는 영원히 떠나셨다.

아버지에 관한 나쁜 기억이 하나도 없을 만큼 아버지는 우리 가족들에게 최선을 다하셨다. 뇌출혈로 몸도 불편하고 어린아이의 지능이 된 어머니에게도 아버지는 좋은 남편이었다. 힘든 수술과 항암 치료를 겪으면서도 주변 사람들에게 짜증 한번 부리지 않은 성숙한 분이셨다. 아버지가 돌아가신 슬픔은 생각보다 깊었고 이별의 과정은 예상보다 힘들었다.

여전히 슬픔에서 헤어 나오지 못하고 있던 때에 또 한 번 슬픔이 덮쳤다. 금슬 좋은 부부라서 혼자 가는 길이 싫으셨는지, 남은 어머니가 걱정되어서였는지, 아니면 자식들 손에 어머니를 맡긴 것이 영 못 미더우셨는지 이유는 잘 모르겠다. 누군가는 순애보라고 했고 누군가는 자식들 고생 안 시키려는 착한 부모이기 때문이라고 했다. 아버지가 돌아가시고 열흘 뒤에 어머니에게 두 번째 뇌동맥류 출혈이 생겼고, 응급수

술을 하고 중환자실에 누워 계시다가 몇 주 뒤, 아버지 곁으로 가셨다.

이 원고는 부모를 떠나보내고 나서 썼다. 출판사에 마감일을 미뤄달라고 요청할 수도 있었지만 나에게는 무언가를 해야한다는 압박이 필요했다. 어차피 잠도 오지 않으니 새벽에 책상에 앉아 글만 썼다. 우연찮게도 이 책의 주제는 그때의 내가나에게 해주고 싶었던 말이기도 했다. 책에 나오는 환자들의 증상이 그 당시 나의 모습이기도 했으니까. 나는 그때 세상 모든 일에 흥미가 사라졌고, 이불 속에 웅크리고 숨어 나를 덮쳐오는 무수한 생각과 싸웠다. 몸이 물 먹은 솜처럼 늘어졌으며희로애락의 감정을 잃었다. 불효했던 일을 억지로 끄집어내후회했고, 어머니의 뇌 추적 검사와 아버지의 내시경 검사를제때 챙기지 못한 것을 자책했다. 딸로서도 의사로서도 뭐 하나 제대로 한 것이 없는 스스로에게 화가 났다. 정신과 의사인내가 환자들이 겪는 여러 증상을 경험하면서 무너져내렸다.

내가 만난 환자들은 세 가지 공통적인 증상을 보인다.

첫째, 자신의 과거나 상처를 끊임없이 곱씹는다. 자신이 힘든 이유가 과거의 어떤 사건 때문이라고 생각하며 자기 인생에 서사를 부여하고 자기 연민에 빠져든다.

둘째, 왜 내 마음이 힘들까를 고민하며 스스로의 문제점을 파고든다. 왜 나는 이렇게 우울하고 불안한지 파고들면서 더 우울하고 불안해진다.

셋째, 왜 사는지 이유를 모르겠다며 공허함을 크게 느낀다. 삶의 의미와 가치를 스스로 찾아내는 능력을 상실한 상태다.

그들은 기억도 잘 안 나는 과거를 돌이켜보면서 감정의 원인을 찾으려고 한다. 자신이 이렇게 힘든 이유가 어렸을 적에 부모와 애착을 제대로 형성하지 못했기 때문이라는 전문가의 해석에 무릎을 치면서 인생의 커다란 의문이 해결된 듯한 느낌을 받을 때도 있다. 이제 원인을 찾았으니 다 좋아질 거라는 생각도 든다. 그런데 이상하게도 여전히 또다시 과거에 골몰한다. 마리오네트 인형처럼 보이지 않는 누군가가 머리와 팔다리를 잡아 조종하는 것 같다. 대인관계에 문제가 있다는 것을 머리로는 알겠는데 어김없이 나쁜 상대를 만나고 힘든 연애만 한다. 가스라이팅을 하는 부모에게서 물리적으로든 감정적으로든 벗어나지 못한다. 환자들이 내게 가장 자주 하는 말은 "머리로는 알겠는데 실행하기는 힘들어요"다. 머릿속 생각과 감정이 몸을 집어삼키고 있어서, 인생을 주도적으로 이끌 힘이 사라진 것이다.

이럴 때 필요한 것은 자신의 심리를 분석하고, 내 안의 상처받은 어린아이를 꺼내 위로하는 일이 아니라, 과도한 생각의 스위치를 끄고, 자신의 심리적 불편함을 적극적으로 해결하는 일이다. 물론 마음이 많이 약해진 상황에서는 결코 쉬운 일이 아니다. 그러나 내가 환자들의 삶을 열심히 들여다보면서 알게 된 진실 하나는 인간에게는 나쁜 심리 습관을 과감하게 끊어낼 심리적 역량이 충분히 있다는 것이다.

상처받은 과거만 곱씹던 누군가는 이제 자신의 미래를 그리며 다음 단계를 계획할 수 있게 되었고, 부모에게 가스라이팅을 당해 스스로 판단할 줄 몰랐던 누군가는 독이 되는 관계를 끝낼 용기를 보여주었으며, 대체 왜 사는지 모르겠다며 인생의 공허함을 토로하던 누군가는 삶의 의미와 목적을 발견하고는 다시 살아갈 의욕을 되찾았다. 벤저민 프랭클린의 명언처럼 '삶의 진정한 비극은 우리가 충분한 강점을 갖지 못한 데에 있는 것이 아니라 이미 갖고 있는 것을 충분히 활용하지 못하는 데에 있다'.

인간은 끊임없이 역동적으로 변하는 환경 안에서 살아가며 순간순간의 선택으로 인생을 만들어나간다. 자신이 어떻게 살기로 선택하는지에 따라서, 어떤 마음가짐으로 세상을 대하는지에 따라서 세상은 충분히 살 만한 곳이 될 수 있다. 사람들의 걱정거리 대부분을 차지하는 인간관계 또한 자신을 둘러싼 환경 중의 하나이며 이 또한 스스로 바꾸고 조율할 수 있다. 나는 이 책을 통해 우리가 스스로 주도권을 가지고 상황을 통제함으로써 심리적 고민을 해결할 수 있다고 말한다. 불안하고, 우울하고, 예민한 나를 파고드는 것이 아니라 주변 상황을 통제하고 직접 실행하고 움직이는 자만이 인생의 패턴을 깰 수 있다. 자신의 숨겨진 심리적 역량과 주도력을 독자들이 발견할 수 있도록 하는 것이 이 책의 목표다.

1장은 스스로를 괴롭히는 생각의 고리를 끊는 방법을 다룬다. 자기 자신에 대해 지나치게 많이 생각하는 것, 과거의 상처를 오래도록 곱씹는 버릇, 일어나지도 않은 미래에 대해 걱정하는 습관 등을 멈출 수 있도록 새로운 시각을 제시한다.

2장은 정신적으로 독립적인 사람이 되는 방법을 이야기한다. 독립적으로 생각하고 판단하는 사람만이 자기 인생을 주도적으로 산다.

3장은 자책과 후회, 과도한 인정 욕구, 서운한 감정, 불안함 등 자신을 힘들게 하는 감정들을 다스리는 방법을 말한다.

4장은 정신과 의사로 일하면서 가장 많은 상담을 했던 인간관계 조언을 담았다. 환자들을 가장 괴롭히는 것은 결국 힘든 인간관계인 경우가 많다. 사람 보는 안목을 길러 좋은 사람을 곁에 두어야 인생이 풀릴 것이다.

5장은 세상과 연결되어 유연하고 재미있게 사는 법을 다룬다. 복잡한 생각의 고리를 끊어내고 자신의 숨겨진 주도력을 발견했다면, 이제는 삶 속으로 뛰어들 차례다.

누군가에게는 조금은 냉정한 글이 될지도 모른다. 이 책에서 따뜻한 공감과 위로를 찾는다면 실망할 수도 있다. 나는 이 책을 통해 독자들에게 막연한 위로가 아니라 확실한 격려를 주고 싶다. 당신도 달라질 수 있다는 강한 믿음을 주고 싶다. 당신도 숨은 심리적 역량을 발견할 수 있을 거라고, 당신은 당신의 생각보다 강하고 용감한 사람이라고.

인생에서 가장 힘든 시기를 보내던 작년에 나는 이 글을 쓰며 조금씩 마음을 다잡을 수 있었다. 인간이 강한 마음 하나로 달라질 수 있는 존재임을 인식하는 것은 나에게 다시금 일어날 용기를 주었다. 이 책이 당신에게도 그런 용기를 주기를 바란다.

2023년 봄의 초입에서

전미경

차례

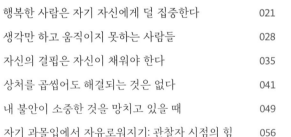

**1장 스스로를 괴롭히는
생각의 고리를 끊는 법**

자책과 후회, 과도한 자기 연민으로 괴로운 당신에게

4장   괴로운 인간관계를 해결해야 인생이 풀린다

인간관계가 제일 어려운 당신에게

5장 생각 속에서 빠져나와
진짜 인생을 살아라
세상과 연결되어 재미있게 살고 싶은 당신에게

1장

스스로를 괴롭히는
생각의 고리를 끊는 법

자책과 후회,

과도한 자기 연민으로 괴로운

당신에게

행복한 사람은
자기 자신에게 덜 집중한다

어느 우울증 환자가 증상이 호전되면서 이렇게 말했다.

"사람이 단순해지더라고요. 배고프면 먹고 졸리면 자요. 누가 옆에서 뭐라고 해도 한 귀로 듣고 한 귀로 흘려요. 예전에는 그게 안 됐거든요. 하루 종일 곱씹었어요. 누가 무슨 얘기를 하면, 나한테 왜 이런 얘기를 하지? 내가 무슨 실수를 했나? 앞으로 어떻게 해야 하지? 이랬거든요. 남들이 하는 얘기들이 머릿속을 시끄럽게 했어요. 지금은 다 편안해요."

우울증으로 내원하는 환자들은 신체적으로는 무기력하다

고 하면서도 정신적으로는 머릿속이 복잡하다고 호소한다. 몸은 축 늘어져 있으면서도 머리는 분주하게 돌아가고 있는 것이다.

자신의 부정적 감정이
제일 중요한 사람들

　잠시도 쉬지 않고 머릿속이 시끄럽게 돌아가는 혜연 씨는 자신을 실패자라고 생각한다. 원하는 대학, 원하는 회사에 들어가지 못했고 안정적인 연애는 해본 적이 없다. 불안감이 몰려올 때면, 내 인생이 어디에서부터 잘못되었을까 원인을 찾는다. 어린 시절에 맞벌이를 하는 부모님이 자기를 1년 정도 할머니 집에 맡긴 적이 있는데 그때 애착 형성에 문제가 생긴 것 같은 생각이 든다. 중학교 때 따돌림 당한 적이 있는데 그때부터 인생이 꼬이지 않았을까 하는 생각도 든다. 혜연 씨는 과거에서 빠져나오지 못하고 과거에 사로잡혀 살고 있다. 그것도 행복했던 과거가 아닌 불행했던 과거의 흔적을 되돌려 기억하면서 자괴감, 열등감, 분노, 수치심의 감정을 되새김질한다.

혜연 씨는 겉으로 보기에는 주변 사람들과 잘 어울리는 무난한 성격이다. 그러나 속을 들여다보면 부정적인 피드백을 받는 것이 싫어서 남에게 맞춰주는 것일 뿐 타인에게는 영 관심이 없다. 예민하고 까칠한 진짜 성격은 가족만 알 뿐이고 직장 동료나 친구에게는 보여주지 않는다. 사람들과 있을 때는 "우와!" "대단하다!" "정말요?"라는 감탄사를 남발하지만 거기에는 영혼이 담겨 있지 않다. 단지 이 타이밍에는 이런 반응을 해줘야겠다는 생각을 할 뿐이다. 혜연 씨 나름대로 이유는 있다. 항상 머릿속이 복잡하기에 타인이나 세상이 비집고 들어올 틈이 없다는 것이다.

혜연 씨의 머릿속은 '나'로 시작해서 '나'로 끝나는 생각으로 가득하다. '내가 잘해낼 수 있을까?' '일이 잘못되면 내 탓이겠지?' '누가 나를 비난하면 어떡하지?' 이런저런 걱정이 머리를 가득 채운다. 자신에게만 초점이 맞추어져 있어 타인의 관점으로 세상을 보는 눈이 없다. 혜연 씨가 세상을 보는 기준은 '나에게 친절한가' 아니면 '나에게 친절하지 않은가'다. 혜연 씨는 자신의 머릿속을 스스로 복잡하게 만든다. 꼬리에 꼬리를 무는 생각이 한번 시작되면 정신의 에너지를 다 잡아먹는다. 부정적인 생각은 또 다른 부정적인 생각을 불러오면서 스스로 몸집을 키워나간다.

우리 주변의 수많은 혜연 씨는 스스로의 부정적 감정을 집중해서 들여다보는 데 전문가다. 심리 도서를 열심히 찾아 읽지만 읽을 때는 내 마음을 알 것 같다가도 책을 덮으면 머리에 남는 것이 없다. 유튜브로 심리 전문 채널을 구독하고, '불안을 극복하는 법' '절대 만나지 말아야 할 인간 유형' 같은 것을 검색해본다. 심리에 대한 너무 많은 지식이 스스로의 발목을 잡아서 누군가가 친절하게 대하면 나에게 뭔가 원하는 것이 있나 의심부터 하고, 남의 작은 언행에도 의미를 부여하면서 확대 해석을 한다. 자기 연민에 빠져 감정 소모를 하는 일도 흔하다.

자신에게만 몰입이 되어 있으면 나와 타인과 세상을 같은 선상에서 동일한 비중으로 놓고 바라보지 못해서 세상을 바라보는 분별력이 떨어지게 된다. 자신의 힘든 과거만 크게 보이며 자신의 부정적 감정이 세상에서 가장 중요하다. 복잡한 감정들을 스스로 이해하기 위해 과거를 열심히 파고 불안의 이유를 찾기 위해 노력하나 그때뿐이다. 잠시 동안 자기 이해와 자기 위안을 받을 수는 있겠지만, 현재를 살아내기 위한 자기 성장과 자기 확장의 역동적인 힘을 얻기에는 역부족이다. 인간이 가진 무한한 자율성과 의지와 능력은 나의 불안을 파고 과거를 뒤지는 방식으로는 절대 키울 수 없다. 스무 살 때부터 같은 고민을 했던 혜연 씨의 삶은 10년이 넘도록 달라지지 않고 제자리걸음이다.

자꾸만 나에게로 향하는 생각을 '지금 여기'로 잡아끄는 법

혜연 씨에게 필요한 것은 자기에 대한 생각을 덜 하는 연습이다. 우리는 흔히 자기 성찰이 꼭 필요하며, 자신의 행동을 돌이켜 생각해야 문제를 해결할 수 있다고 생각한다. 그러나 생각을 곱씹는다고 해서 좋은 해결책이 나오는 것이 아니고 더 나은 사람이 되는 것도 아니다. 오히려 쓸데없는 생각으로 감정 소모와 에너지 낭비를 하게 되는 경우가 더 많다. 복잡한 생각은 복잡한 감정을 불러오기 때문이다. 혜연 씨처럼 머릿속이 자기 자신으로 꽉 차 있으면 부정적인 생각들이 자연스럽게 따라온다. 과거에 있었던 일을 떠올리면 후회와 자책이 따라붙으며 미래를 떠올리면 불안감이 따라붙는다. 나에 대한 부정적인 생각들은 하지 않으려 들수록 점점 더 나를 잡아먹는다. 머릿속에 떠오르는 생각들에 깊은 의미가 있고 대단한 진실이 담겨 있을 거라는 생각을 버려야 한다.

자기와 의식적으로 거리 두기를 해보자. 가장 쉽게 할 수 있는 방법은 자기 자신이 아닌 것으로 주의를 돌려보는 습관을 들이는 것이다. 우리가 우울할 때 가만히 우울에만 집중하고 있으면 기분이 나아지던가? 전혀 아니다. 기분이 우울할 때 나가서 산책을 하거나 영화를 보거나 친구를 만나면서 자기가 우울했었던 것조차 잊어버렸던 경험이 있을 것이다. 하버드대 사회심리학자 대니얼 웨그너Daniel Wegner가 '흰곰 효과 white bear effect'라고 이름 붙인 이론에 따르면 흰곰을 생각하지 말라는 말을 들으면 오히려 흰곰이 더 생각난다. 흰곰을 떠올리지 않는 방법으로는 까만 코끼리나 노란 카나리아를 의도적으로 생각하는 것이 가장 효과적이다.

과도한 자기 몰입에서 빠져나오기 위해서는 지금, 여기에 집중해야 한다. 나의 주의를 잡아채는 불행한 과거와 미래에 대한 걱정을 의도적으로 현재로 가지고 와야 한다. 커피 한잔을 마시면서 커피의 향과 맛에 집중하자. 친구의 고민을 듣고 있는 지금 이 순간은 친구의 마음과 생각에 집중하자. 전시회에 가면 작가의 세계를 이해해보고 자연스럽게 감탄하자. 조금씩 연습하다 보면 세상의 좋은 것들이 천천히 눈에 들어올 것이다. 친구의 마음이 느껴지고 벚꽃의 아름다움이 보이며 음악의 웅장함이 귀에 들릴 것이다. 그래야 세상을 향유하면서 세상 속의 나로 살아갈 수 있다.

생각만 하고
움직이지 못하는 사람들

"선생님, 마음이 왜 이렇게 힘들까요?"
"상담을 받으면 불안이 사라질까요?"
"정신에 문제가 생긴 것 같으니 치료를 받아볼까요?"

마음이 힘들어진 사람들이 나를 찾아와 이렇게 묻는다. 그들은 스스로를 나약하다고 단정한다. 자신의 마음을 뜯어고쳐야 괴로운 시간이 지나갈 거라 믿으며 정신과 의사를 찾아가고, 유튜브 심리 채널을 구독하고 심리 도서를 읽으며 여러 방법을 찾아 헤맨다. 그런데 진료실에서 환자들을 만나며 내가 깨달은 것이 있다. 가만히 얘기를 듣다 보면 마음을 고쳐야 하는 경우보다, 마음을 힘들게 만든 상황을 고쳐야 하는 경우일 때가 있다는 것이다. 물론 정말 정신적 질환을 겪는 환자도 많지만, 자신의 부정적 감정만 파고들면서 삶 속의 진짜 문제는 외면하는 환자도 심심찮게 본다. 그들은 특정한 문제가 있어서 힘들어진 상황인데 적극적으로 문제를 해결하려 하지 않고 생각과 마음만 바꾸려고 한다.

생각, 마음, 행동이 일치되는 삶을 살아라

인간은 생각, 마음, 행동이 일치할 때 마음이 편하다. 이 셋 중 하나만 어긋나 있어도 마음속에 뭔가 불편한 감정이 올라온다. 사이가 안 좋은 동료 A와 함께 팀 프로젝트를 맡게 되었다고 가정해보자. A가 싫다는 생각이 머리를 떠나지 않는데 프로젝트가 끝날 때까지 하루 종일 붙어서 일해야 한다. 불쾌하고 불안하다. 생각과 감정, 행동이 따로 놀고 있으니 그렇다. 바로 이럴 때 셋의 일치가 필요하다.

가장 좋은 방법은 A와 프로젝트를 하지 않는 것이다. A와 함께 일하지 않으면 마음이 편해지고 머릿속이 깨끗해질 것이다. 그렇지만 회사 생활이라는 것이 어디 말처럼 쉬운가? 동료와 같이 일하기 싫다는 이유로 일을 거부하기는 쉽지 않을 수 있다. 이런 경우에 대부분의 사람은 가장 먼저 마음을 수정한다. 끊임없이 올라오는 불편한 감정을 억누르며 '괜찮다'고 스스로를 다독인다. 그러나 이 방법은 본인을 더 힘들게 할 뿐이다. 자동으로 튀어나오는 부정적인 감정을 억지로 누르고 '괜찮다'며 긍정적 감정을 끌어내 다독이려 하면 상당한 정신적 에너지가 소모된다. 본래 긍정적인 감정은 즉각적인 반응이다. 아이의 재롱을 본 엄마는 본인도 모르게 미소를 짓고, 웅장한 자연을 보는 순간 우리는 자연스럽게 감동을 느끼고 벅차오른다. 이처럼 자동반사로 튀어나와야 하는 긍정적인 감정을 억지로 만들어내려니 마음이 편할 리 없다.

만약 마음을 수정하는 데 실패했다면, 그다음은 대개 생각을 수정한다. 비호감인 A를 두고 '이 정도면 괜찮은 동료'라고 억지로 생각을 바꾼다. 또 이번 프로젝트는 나에게 좋은 기회라서 무조건 잘해야 하니 내가 A에게 잘 맞추리라 다짐도 해본다. A와 같이 일을 하게 된 상황이 정말 싫은데 현실은 그럴 수 없는 인지 부조화cognitive dissonance를 해결하기 위한 방법이다.

인지 부조화에 대한 '여우와 신포도' 우화가 있다. 높은 곳에 있는 포도를 따지 못하는 여우는 포도를 보며 '저 포도는 신맛이 날 거야'라고 생각한다. 시쳇말로 '정신 승리'라고나 할까. 우리가 생각을 고쳐보는 것은 인지 부조화를 해결하기 위해 스스로 외는 주문이다.

그런데 생각을 수정하는 방법에는 큰 문제가 하나 있다. 바로 타인이나 상황이 아닌 나 자신에게서 원인을 찾게 된다는 것이다. 내가 무능력하고 원래 회사 생활에 운이 없는 편이어서 A와 일하게 된 거라고 생각한다. 이번 프로젝트뿐만 아니라 회사 생활 전반에서 자신이 배려받지 못하고 무시당한다고 여긴다. 즉, 못난 나에게 근본적인 원인이 있고 이번 일뿐이 아닌 나의 삶 전체가 그러했으며 앞으로도 이런 안 좋은 일은 계속될 거라 생각하는 것이다. 결국 자기 혐오나 자기 비하를 하게 된다.

타인이나 상황에 대한 생각을 바꾸는 것은 어렵다. A가 괜찮은 사람이라는 건 A가 증명해야 하는 일이다. 그러니 자신이 못나서 이런 일이 생겼다고 생각하는 편이 오히려 쉽고 간단하다. 자기 비하는 당장의 마음속 갑갑함은 해결해주지만,

계속되면 마음속을 갉아먹는다. 이렇게 억지로 머리와 가슴을 수정하고자 하나 잘 안 될 경우에 여러 신체 증상이 나타난다. 소화도 안 되고 잠도 안 오고 머리도 아프고 가슴도 답답하다. 오래되면 우울증과 공황장애, 강박장애 등으로까지 발전한다.

해결이 필요한 상황은 그대로 두고
엉뚱한 곳을 헤매고 있다면

　우울증과 공황장애로 병원을 찾는 정현 씨는 사업이 실패한 후 대출을 갚지 못해 신용불량자가 되었다. 4대 보험이 되는 직업을 갖기 어려우니 일당을 현금으로 받는 물류 창고에서 일하고 있다. 일거리가 있다 없다 하는 불안정한 일자리도 문제고 미래에 대한 불안으로 신경이 곤두서 있다. 하루 종일 돈 걱정과 미래에 대한 고민이 꼬리에 꼬리를 문다. 왜 그런 잘못을 저질렀으며 내 팔자는 왜 이런가 하는 신세한탄으로 끝을 맺는다. 오늘의 레퍼토리는 내일로도 이어질 것이다.

　정현 씨는 끊임없이 생각과 마음을 수정하려 시도한다. 불안하고 우울한 감정을 억지로 누른다. 운이 없었을 뿐이라고 생각하려 노력하지만 결국 멍청한 자기 때문이라고 스스로를 탓하기 일쑤다. 스스로 이런 결론을 내려버리면 행동으로 나설 동력을 얻지 못한다. 어차피 해도 안 된다고 여기기 때문이다. 머리와 가슴을 억지로 바꾸려 자신을 괴롭히는 흔한 사례다. 사실 정현 씨에게는 정신과 진료가 우선이 아니다. 신용 회복 절차를 거쳐서 대출을 해결하는 것이 먼저다. 그 후에 벌이가 규칙적인 직장에 다니면서 다달이 일정한 돈을 갚고 안정적인 생활 궤도에 올라와야 한다. 몸을 움직여 현실을 바꾸려는 노력을 해야 한다.

심리학을 '자본주의의 시녀'라고 말하는 이도 있다. 사람의 불안한 심리를 분석해서 경제를 예측한다는 것은 잘 알려진 사실이며 심리학의 수많은 지식들이 자본주의의 꽃인 광고와 마케팅에 적극 활용되기 때문이다. 또한 문제가 되는 구조적 상황을 바꾸려고 노력하기보다 개인의 나약한 정신이 문제라고 치부해버리는 경향 때문이기도 하다. 대기업에서 직원들의 정신건강에 관심을 두고 센터를 세우는 것은 환영할 만한 일이긴 하나 작업 환경 개선이나 조직 문화 변화를 먼저 고려하지 않고 개개인의 정신 상태로 치부해버리는 우를 범할 수 있다. 그래서인지 심리학이나 정신의학에 어떤 마법의 힘이 있다는 환상을 지닌 사람이 많은 듯하다. 해결해야 할 상황은 그대로 두고 자신이 못나서 이렇게 되었다며 스스로를 괴롭히거나 과거나 타인을 탓하면서 엉뚱한 곳을 헤맨다. 그 과정에서 생각과 마음과 행동의 조화가 깨져 고통이 생기면, 전문가가 마음을 수정해서 고쳐주기를 원한다.

　생각과 마음을 수정하려고만 애쓰는 사람은 행복해질 수 없다. 위대한 예술가나 자신의 신체적 한계를 뛰어넘은 운동선수, 어릴 적 가난을 극복하고 자수성가한 사업가치고 해결되지 않은 내면 문제에 관심을 가진 사람은 드물다. 그들은 원하는 목표를 향해 몸을 움직여 행동하고 미래로 나아간 사람들이다. 일이 적성에 맞지 않으면 준비를 해서 이직을 하자. 나를 힘들게 하는 사람이 있으면 과감히 끊어내자. 불편한 요구에는 과감히 "NO"라고 거절하자. 생각과 마음을 괴롭히면서 안 좋은 감정을 곱씹지 말자. 필요한 건 적극적으로 상황을 해결하는 것이다. 내 인생을 주도하려면 용감해져야 한다. 행동하고 나아가야만 현실이 바뀌고, 미래가 바뀐다.

자신의 결핍은
자신이 채워야 한다

"저 이제부터 엄마한테 효도 안 하기로 했어요."

병원을 찾은 50대 현은 씨는 어려서 아버지가 돌아가신 후 자식을 돌보지 않고 친척집에 내팽개친 어머니에게 성인이 된 후 지금까지 온갖 효도를 다 하고 살았다. 자신은 보세 옷을 입으면서 어머니에게는 계절마다 브랜드 옷을 사드리고 어머니를 모시고 적어도 1년에 한 번은 동해로 제주도로 여행을 간다. 그러다 최근에 현은 씨는 어릴 적 외갓집에서 지낼 때 외삼촌에게 폭행당했던 일을 어머니에게 처음으로 고백했다. 그런데 그 얘기를 들은 어머니는 자기더러 어쩌란 거냐며

오히려 화를 냈다. 그저 위로와 공감의 말을 원했던 현은 씨는
마음이 차갑게 식었다. 그때부터는 어머니와 해마다 가던 여
행을 그만두었고 병원에도 모시고 가지 않으며 명절에만 형식
적으로 얼굴을 비춘다.

"어릴 적부터 마음이 허했어요. 엄마라는 존재가 뭔지 모르
겠어요. 남들은 엄마를 생각하면 마음이 따뜻하고 포근해진다
고 하는데 저는 그런 것이 없어요. 열심히 노력하면 저도 마음
이 따뜻한 엄마를 가질 수 있을 거라 생각했어요. 내가 원하는
엄마와 지금의 엄마가 다른 사람이라는 사실을 인정하기 힘들
었어요."

현은 씨는 허무하다는 눈빛으로 말했다.

현은 씨가
효도를 그만둔 이유

우리는 누군가를 바꿀 수 있다고 착각한다. 잘못된 길을 가
는 타인을 구원할 수 있다고 착각하는 '구원자 환상'은 연인
사이에서 흔하다. 바람둥이로 소문난 남자친구지만 나와 하는
사랑은 특별하기 때문에 그가 나만 바라보는 순정남이 될 거

라 생각한다. 나쁜 남자를 구원하는 마돈나이자 그를 유혹하는 팜므파탈이라고 스스로 생각한다. 가족 사이에서도 이런 구원자 환상은 흔하다. 나를 사랑해주지 않는 엄마에게 사랑을 갈구하면서 내가 노력하면 엄마가 다정해질 거라고 기대한다. 자기 인생의 많은 시간과 노력을 타인을 변화시키고 성장시키겠다며 사용한다. 실제로 바람둥이를 순정남으로, 이기적인 부모를 헌신적인 부모로 바꾸는 데 성공했다면 진정한 능력자다. 나 하나 바뀌기도 어려운데 타인을 변화시켰으니 말이다. 그러나 그 정도 능력자는 찾아보기 힘들다. 타인을 변화시키려 노력 중인 사람만 있으며 타인을 바꾸는 데 성공했다는 결과를 보여주는 사람은 별로 없다.

구원자 환상이 있는 사람에게는 타인에 대해 자신이 기대하고 원하는 어떤 표상representation이 있다. 현은 씨에게는 엄마라는 존재에 대해 현실적이지 않은, 이상적인 표상이 있다. 그리고 그 표상은 겪어보지 못했기에 구체적이지 않고 막연하다. 평범한 사람들은 따로 배우지 않아도 엄마라는 존재가 나의 근원이 되는 뿌리이자 우주라는 것을 저절로 안다. 엄마 또한 가끔 실수도 하는 부족한 사람이고, 단점이 있어서 때로는 나와 갈등도 빚는 현실적인 인간이라는 것도 안다. 현은 씨는 지금의 엄마를 생각하면 호적상 엄마일 뿐이고, 나를 사랑해줄 진정한 엄마는 여기가 아닌 어딘가에 있는 것이 아닐까 하는 생각이 든다고 한다. 가져보지 못했기에 유니콘 같은 환상 속의 표상을 꿈꾼다. 노력하면 가질 수 있다고 안간힘을 쓰면서.

현은 씨는 마치 자신을 버린 부모를 살리기 위해 저승에 간 바리데기 공주 같다. 바리데기 공주가 치른 대가는 가혹했다. 삼신산에서 무장생을 만나 노동을 다 해냈으며 무장생의 아들 일곱 명을 낳아준 후에야 약초를 받아 부모의 숨을 되돌렸다. '희생'과 '구원'으로 포장된 대단한 효심이다. 현대판 바리데기 공주가 되기를 거부한 어떤 환자는 자신의 생모를 지칭하면서 '언니 엄마'라고 말한다. 어릴 때 헤어져서 전혀 기억이 없으니 언니의 엄마일 뿐 내 엄마는 아니라고 하면서 말이다.

타인은 나의 결핍을
채워주지 못한다

구원자 환상은 타인을 바꿀 능력이 있다는 일종의 비뚤어진 자기애다. 건강한 자기애로 충만한 사람은 자신의 가치와 능력에 대한 의구심이 없기에 세상에 자신을 증명해 보이려고 애쓰지 않는다. 반대로 건강한 자기애가 부족한 사람은 자신의 가치와 능력을 세상에 증명해 보이려고 노력한다. 스스로의 능력으로 세상에 자신의 뜻을 펼치는 것에 실패했다면 타인을 바꾸려는 구원자 환상이 더욱 강렬해진다. 자신에게 건강한 자기애를 발휘하는 것에 실패했기에 타인을 통해 실현하고자 하는 것이다. 그래서 자신을 지나치게 희생하면서 바람둥이에게 헌신하거나 이기적인 부모에게 희생당한다. 즉, 건강한 자기애의 충족이 어려우니 타인을 변화시킴으로써 달라진 타인과 스스로를 동일시하거나 혹은 '타인을 구원한 능력 있는 나'라는 자기애를 충족시키고자 한다.

효도를 그만두기로 결심한 현은 씨는 이제야 자기 인생의 방향키를 자신이 잡은 것 같다고 말한다. 그런데 아직 어느 방향으로 가야 할지 모르겠다는 말도 덧붙인다. 그동안 엄마라는 등대를 향해 있던 방향을 수정해서 새로운 곳을 향해야 하는데 그 목적지가 어딘지 모르겠다며 인생이 공허하다고 말한다. 나의 방향키는 타인이 아닌 오로지 나를 향해 있어야 한다. 그래야 자기 삶의 주도권을 자기가 쥐고 살 수 있다.

구원자 환상이 있어서 타인에게 과한 오지랖을 부리는 사람이라면 자신에게 어떤 결핍이 있다는 것을 인식해야 한다. 인간에게 결핍은 그 구멍 난 자리를 채우려는 욕망을 불러온다. 결핍이 나 하나로 채워지지 못한다고 생각되면 타인을 기웃거리게 된다. 나의 결핍은 나 혼자의 힘으로 채워 나가야 한다. 타인은 절대 나의 결핍을 채워주지 못한다. 나는 누군가의 구원자도 아니며 타인 또한 나의 구원자가 아니다. 나의 구원자는 오직 나뿐이다.

상처를 곱씹어도
해결되는 것은 없다

"왜 우리 엄마는 나를 그렇게 미워했을까요?"

일주일에 한 번씩 정신과를 방문하는 40대 수영 씨는 오늘
도 30년 전 상처에 대해 내게 이야기한다. 어렸을 적 어머니
가 자신에게는 허름한 옷만 입히고 남동생에게는 메이커 옷을
사줬다며 질투했고, 고등학교 졸업 후 직업전선에 뛰어들었던
자신과 달리 남동생은 부모의 지원으로 대학원까지 나왔다며
분노했다. 이러한 차별뿐만 아니고 수영 씨의 어머니는 스트
레스를 받을 때마다 장녀인 수영 씨를 때리는 것으로 화풀이
를 했다. 수영 씨의 어머니는 매우 가부장적이었으며 이기적

인 사람이었다. 아들과 딸을 차별해서 키우는 것이 마땅하다 여겼으며 그 사실에 일말의 의구심이나 죄책감이 없었다. 대체 어린 자신이 무엇을 잘못했다고 그런 대우를 받았던 건지 그 이유를 곱씹는 것이 수영 씨의 변하지 않는 화두다.

"왜 내 팔자는 결혼 전이나 후나 이 모양일까요?"

아란 씨는 수시로 바람을 피우고 언어폭력을 구사하는 남편과 갑질하는 시댁 때문에 정신과를 방문한다. 상담 초기에는 결혼을 하자마자 본색을 드러낸 남편이 얼마나 나쁜 남자인지 분노하며 이야기했고, 시댁이 얼마나 무식하게 구는지 하소연했다. 시간이 좀 지나서는 남편의 질 나쁜 행동들이 자신의 친정아버지를 닮았으며 아버지도 주사를 일삼고 가족들에게 손찌검을 했었다고 털어놓았다. 아란 씨는 아버지처럼 무능력한 남자가 싫어 현재의 남편을 골랐다. 그러나 경제적 능력 빼고는 남편이나 아버지나 똑같이 미성숙한 인격의 소유자였다. 자신의 인생이 힘들어진 이유를 과거에서 찾아내려 하는 것이 아란 씨의 변하지 않는 화두다.

내 안의 상처받은 어린아이는
존재하지 않는다

수영 씨와 아란 씨 모두 어린 시절에 마음의 상처를 받은 것은 사실이다. 하지만 둘 다 트라우마의 유령에 사로잡혀 어린 시절의 굴레에서 빠져나오지 못하고 과거에 살고 있는 것도 사실이다. 트라우마의 중요성을 강조한 사람은 프로이트다. 프로이트는 무의식을 통해 알 수 있는 것이 많으며 인간의 말과 행동에는 과거의 흔적이 묻어 있다고 했다. 무의식을 파헤치기 위해서라면 정신분석가에게 자신이 꾼 꿈을 설명해야 하고, 소파에 누워 가물가물해진 과거까지 기억해야 한다. 과거에서 원인을 찾으면 현재의 고통이 해결될 거라는 마술적인 주문을 걸면서 말이다. 어린 시절에 받은 상처 때문에 성인기에 고통을 겪는 것이므로 자기 안의 어린아이를 위로하자는 '내면 아이inner child' 이론도 프로이트의 주장에 힘을 보탰다.

그러나 내가 진료실에서 많은 환자를 만나 보니 프로이트의 의견은 인간 심리를 분석하려는 시도로서 역사적인 의미가 있고 수많은 문화에 영향을 끼친 건 사실이지만 현대사회에서 절대 진리는 아니다. 일단 프로이트의 정신분석psychoanalysis

은 시간이 많이 들고, 들인 시간과 노력에 비해 효과가 적으며, 호소하는 임상 증상을 목적으로 하는 치료가 아니기 때문이다. 또한 무의식에서 원인을 찾았다 한들 문제를 해결하기는 쉽지 않다. 인간은 과거의 원인으로 현재의 결과가 나오는 단순한 유기물이 아니고 그보다 훨씬 복잡다단한 존재다. 그래서 현대사회의 심리 치료는 무의식 분석보다는 문제 파악, 현실 직시, 문제 해결에 초점을 맞추는 것에 좀 더 무게중심을 두고 있다. 그래서 나에게 프로이트는 위대한 학자이자 정신과 의사일 뿐 신은 아니다.

프로이트에 따르면 우리는 자신에게 문제가 있다고 전제를 하고, 과거를 뒤져서 잘못을 찾아내야 한다. 타임머신을 타고 나의 가장 힘든 시절로 되돌아가는 꼴이다. 이렇게 과거를 곱씹으면 과거에 한 행동을 후회하기 마련이다. 심리학 용어로는 사후 가정 사고counterfactual thinking라고 한다. 이렇게 부정적인 과거에 몰두하면 일상생활에 써야 하는 에너지까지 머리를 복잡하게 하는 데 가져다 쓴다. 그러나 사실 환자들은 본인의 마음이 힘든 이유를 스스로 잘 알고 있다. 정서적으로 학대한 부모, 왕따를 당한 학창 시절, 경제적 어려움이 심해 마음고생을 했던 일 등을 내게 가감 없이 털어놓는다. 현재 하는 행동의 원인과 타인과의 갈등의 이유를 무의식까지 갈 것도 없이 의식 수준에서 대부분 스스로 파악하고 있다.

그렇다면 프로이트는 왜 무의식을 파고들어야 한다고 주장했을까. 프로이트가 이런 주장을 했던 이유는 그가 살았던 시대와 관련이 있다. 프로이트가 살던 시기는 2차 세계대전 전후이고 이런 시대적 배경이 프로이트의 사상에 영향을 미쳤다는 사실을 많은 사람이 종종 잊어버린다. 당시 유럽은 공식적인 신분제는 없어졌으나 눈에 보이지 않는 계급제는 명확했던 봉건과 근대가 뒤섞인 시대였다. 개인이 자신의 노력으로 인생을 바꾸는 것은 거의 불가능한 시절이었다. 자신의 현재 힘든 상황을 개선하기 위해 할 수 있는 노력이 없었기에 그 원인을 과거에서 찾아 과거 탓을 해야 했다. 자신의 노력에 따라 얼마든지 인생을 바꿀 수 있는 지금과는 다르다.

또한 그 시대에는 감정에 대한 억압이 상당했다. 아동기나 청소년기의 감정과 욕구들은 전부 무시되거나 억압받았다. 인간으로서의 존엄성은 배려받지 못했고 자연스럽게 느끼는 감정 또한 존중받지 못했던 시대였다. 그래서 환자들은 정신과를 찾아가서 감정을 털어놓는 것만으로도 신체 증상에 호전을 보였다. 그러나 지금은 과거와 다르다. 심리적 억압이 심하지 않고 개인의 감정을 자유롭게 표현할 수 있으며 인간의 기본적인 존엄성은 지킬 수 있다. 우리가 지금 살고 있는 세상은 프로이트가 살았던 세상과는 전혀 다른 세상이다.

하나 더. 프로이트가 살던 때는 현대 의학이 태동하던 시기로, 정신과 약물을 쓸 수 없었다. 그때 프로이트를 찾았던 환자를 우울증 또는 공황장애로 진단해 현재의 정신과 약을 처방했다면 깨끗이 나았을 가능성도 높다. 그러나 약이 없던 시기의 의학적 기술은 한계에 부딪힐 수밖에 없었다. 정신과 의사로서 뭐라도 해야 했던 프로이트는 환자의 내면을 파헤칠 수밖에 없었을 것이다.

냉정히 말하자면,
트라우마는 해결하지 못한다

긍정심리학으로 널리 알려진 마틴 셀리그먼Martin E. P. Seligman 은 어린 시절의 사건들이 훗날의 성격 형성에 결정적인 영향을 미친다는 주장을 뒷받침할 만한 설득력 있는 근거는 전혀 없다고 말했다. 많은 학자가 지난 50년간 부모의 사망이나 이혼, 질병, 체벌, 무시, 성적 학대와 같은 어린 시절의 나쁜 경험이 성인기에 큰 영향을 미칠 것으로 기대하고 연구했으나 결과는 기대에 미치지 않았다. 성인기에 나타난 우울, 불안, 약물중독, 자녀 학대, 알코올중독 등의 문제와 어린 시절의 불행 사이에 상관관계는 없었다. 열한 살이 되기 전에 어머니가 사망할 경우 성인이 되어 우울증을 보일 확률이 일부의 사람에게서 조금 높게 나타났을 뿐이었다.

그렇다면 왜 우리는 계속해서 과거의 상처를 불러오는 걸까? 바로 트라우마가 주는 '서사성' 때문이다. 트라우마의 불행한 서사는 나로 하여금 정당한 자기 연민에 빠지게끔 도와준다. 나의 과거를 반복적으로 떠올리면서 고통스러운 지금 삶의 책임을 외부로 돌리는 것이다. 자기 연민 서사를 만드는 일이 아예 습관이 되어버린 사람이 의외로 많다. 자기 연민 서사에 익숙한 사람들의 더 큰 문제는 과거가 아닌 현재에서 벌어지는 일에 대해서도 습관적으로 자기 연민을 한다는 것이다. 나는 피해자고 세상과 타인은 가해자라고 착각하면서 말이다. 덧붙여 내가 인생에서 주도적으로 할 수 있는 일은 없다고 믿기에 뭔가를 해보려는 노력을 하지 않는다.

수영 씨의 어머니가 눈물로 절절히 호소하며 잘못을 빌고 지금이라도 딸을 살뜰하게 챙긴다면 수영 씨의 상처가 사라질까? 아란 씨의 아버지도 개과천선해서 지금이라도 잘못을 빈다면 아란 씨는 아버지를 용서하고 화해할 수 있을까? 아쉽게도 이 질문에 대한 답은 'NO'다. 수영 씨의 어머니와 아란 씨의 아버지가 진심 어린 사과를 하더라도 여전히 수영 씨와 아란 씨는 도돌이표 상처를 곱씹으며 또 하나의 레퍼토리를 추가할 것이다. 이제 와 용서를 비는 것이 무슨 소용이냐고, 내 삶은 이미 뒤틀려졌고, 나는 여전히 과거의 희생자라고.

과거의 상처를 계속 곱씹는 이들은 마치 과거라는 적과 싸우면서 의미 없는 섀도복싱을 하는 것 같다. 자기 비하와 자기혐오, 때로는 자기 연민을 곁들여 한 편의 비극 서사까지 만들어낸다. 관점을 한번 바꾸어보자. 상처를 곱씹는다고 해서 내 인생의 문제가 해결되지는 않는다. 타임머신을 타고 과거로 돌아가지 않는 한 말이다. 과거와의 섀도복싱이 아닌 현재와 실제로 맞붙어 싸우는 복싱을 하자. 내 인생을 앞으로 책임질 주체는 과거도 타인도 아닌 바로 현재의 나임을 잊지 마라.

내 불안이
소중한 것을 망치고 있을 때

40대 중반 주원 씨의 아버지는 외도를 일삼는 남자였고 이로 인해 집안 분위기가 항상 불안정했다. 그래서 주원 씨는 바람을 안 피울 것 같은 성실하고 우직한 남편을 만나 결혼을 했다. 개발자로 일하는 주원 씨의 남편은 야근에 밤샘 근무가 일상이었고 관리자가 되면서는 회사에서 보내는 시간이 잦아졌다. 주원 씨는 남편이 자기 모르게 바람을 피우지 않나 항상 의심하고 불안해한다. 그 불안감은 남편의 통화 내역이나 메시지를 몰래 확인하는 것으로 해소한다. 어쩌다 타이밍이 안 맞아 남편의 스마트폰을 훔쳐보지 못한 날은 하루 종일 집안일이 손에 안 잡힐 정도로 불안하다. 주원 씨는 세상 남자들은 상황만 허락하면 바람을 피우는 존재라는 자신만의 안경을 쓰고 있다. 그래서 남편의 야근이 바람의 전초전이라고 생각한다. 주원 씨는 자신의 불안을 남편에게 투사projection하고 있는 것이다.

모두 자신만의 안경을 쓰고 세상을 본다. 각자가 쓰고 있는 안경으로 나를 보고 타인을 보고 세상을 본다. 같은 세상을 보지만 누구에게는 세상이 파랗게 보이고 누구에게는 무지개 빛깔로 보인다. 대부분은 안경을 쓰고 있다는 사실을 망각하고 자신이 보는 세상이 진짜라고 믿어 의심치 않는다.

투사의 세상에서
벗어나라

투사의 주된 이유는 불안과 욕망이다. 자신의 욕망을 타인에게 투사하는 흔한 사례를 살펴보자. 박 대리가 월요일에 출근하는 동료에게 "김 대리님! 월요일에 출근하기 진짜 싫으셨을 텐데 일찍 나오셨네요?"라고 인사한다고 치자. 김 대리는 요즘 하고 있는 프로젝트가 흥미진진해서 열과 성을 다하고 싶은 마음이 크다. 주말에도 집에서 프로젝트 고민을 하고 월요일에 있을 미팅을 기대하면서 보냈기에 출근하기 싫다는 생각을 한 적이 없다. 김 대리는 그냥 "직장인들이 다 그렇지요"라고 예의상 떨떠름하게 대꾸한다. 박 대리는 출근하기 싫다는 자신의 욕망을 김 대리에게 투사한 것이다.

야구를 하는 중학생 아들을 둔 윤정 씨는 아들의 미래에 대한 큰 그림을 그려놓고 아들을 닦달한다. 야구 명문으로 유명한 고등학교에 진학하기 위해 감독에게 명절이나 스승의날에 비싼 선물을 바치고, 아들의 시간을 관리하면서 일거수일투족을 감시한다. 이런 극성이 스포츠 스타를 키워내는 부모의 자질이자 의무라고 믿고 있다. 아들에게 소질은 있으나 최고가 되겠다는 악바리 근성이 없다는 것이 윤정 씨의 불만이다. 내가 만나본 아들은 꼭 야구 선수로 성공하겠다는 포부는 없었다. 단지 야구를 좋아해서 열심히 하고 있으며 혹시 선수가 못 되면 스포츠 에이전시에서 일하고 싶다는 나름의 목표가 확고한 청소년이었다. 윤정 씨는 아들이 세계 최고의 프로야구 선수가 되기를 바라고 있다고 생각한다. 자신의 욕망을 아들의 욕망에 투사한 것이다.

불안과 욕망으로 가득한 투사의 안경을 쓴 사람은 세상을 있는 그대로 바라보는 능력이 부족하다. 타인이 별다른 의미 없이 하는 말과 행동을 '자신만의 해석'이라는 필터를 거쳐서 바라본다. 혼자 시나리오를 쓰면서 타인을 힘들게 하고 뜻대로 되지 않는 세상을 원망한다. 상대를 향하는 투사가 심해지면 투사적 동일시projective identification로 향하게 된다. 투사적 동일시는 무의식적으로 상대방이 내가 써놓은 시나리오대로 움직이게 하면서 자신의 불안을 정당화하는 것을 말한다.

주원 씨의 남편은 처음에는 가정환경에서 비롯된 아내의 불안을 이해하고 달래주었지만 시간이 지나면서 지쳐가고 있었다. 밤샘 프로젝트를 하고 온 다음 날 신입 여자 직원이 모든 팀원에게 커피 기프티콘을 돌렸다. 어제저녁에 바람을 피우네 안 피우네 아내의 악다구니에 지친 남편은 신입 직원의 마음 씀씀이에 미소를 짓고 평소처럼 짧고 형식적인 감사 메시지가 아닌 성의 있고 다정한 장문의 메시지를 보냈다. 남편이 본인도 모르게 주원 씨가 부여한 세상의 모든 남자는 바람을 피울 수 있는 존재라는 생각대로 움직인 것이다. 메시지를 발견한 주원 씨는 '그것 봐봐. 세상 남자들은 틈만 나면 외도를 일삼는 존재잖아. 내 말이 맞잖아'라며 자신의 믿음을 더욱

더 확고히 굳히게 되었다. 투사가 자기 혼자 북 치고 장구 치는 거라면 투사적 동일시는 자신이 쓴 안경 렌즈 색깔에 맞춰 상대방으로 하여금 그 방향으로 행동하게 만든다.

제대로 보려는 노력이
필요한 이유

투사는 나와 너 사이뿐만 아니라 세상 곳곳에 알게 모르게 스며 있다. 우리는 영화나 드라마를 보면서 작가가 말하고자 하는 메시지를 읽으려 노력한다. 음악이나 미술에서도 작가의 의도를 짐작한다. 모든 예술은 작가가 펼치는 세련된 승화를 거친 투사다. 정치나 종교 또한 각자의 불안과 욕망이 만들어 낸 투사의 세상이다. 죽음에 대한 불안이 신을 만들어냈고 나의 이득을 챙기고자 하는 욕망이 정파를 형성했다.

우리 인생은 이처럼 투사로 가득 차 있으며 긍정적인 부분도 많다. 내 삶의 콘텐츠를 채워주고 내 불안을 희석하고 내 욕망을 밖으로 드러내게 한다. 그러나 주원 씨나 윤정 씨처럼 불안과 욕망이 강할 경우에는 나의 삶과 상대방의 삶이 힘들어진다. 불안과 욕망이 크면 클수록 쓰고 있는 안경의 도수가 높아지며 렌즈는 두껍고 무거워진다. 도수가 높은 안경일수록 안경을 벗었을 때 세상이 더욱더 부옇게 보이고 사물을 제대로 식별하는 것도 어렵다.

안경을 벗고 세상을 맑고 투명하게 바라보기 위해서는 상대방을 제대로 보려는 노력이 필요하다. 주원 씨는 남편이 도덕적으로 올바른 사람이고 가정을 우선시하는 사람이라는 것을 믿지 않았다. 게임 개발에 몰두해 있는지라 외간 여자들을 들여다볼 시간도 마음의 여유도 없는 사람이라는 것을 알지 못했다. 윤정 씨는 아들이 프로야구 선수로 성공하지 못하더라도 충분히 행복할 수 있다는 것을 인정하지 않았다.

투사를 일삼는 사람은 상대의 마음을 알아채고 상대가 드러내는 메시지를 파악하는 단계를 생략한다. 객관적 상황과 맥락을 파악하려는 노력이 없으니 자신의 주관적 불안과 욕망만 남는 것이다. 상대방을 제대로 바라보려는 노력의 첫걸음은 자신이 투사의 안경을 쓰고 있다는 것을 깨닫는 것이다. 투사의 안경을 쓴 사람은 자신이 안경을 쓰고 있다는 것을 쉽게 알아채지 못한다. 소중한 사람과의 관계가 계속해서 어긋나고 있다면, 소중한 사람이 나 때문에 괴로워하는 것을 인식했다면 의심해보자. 나의 욕망과 불안이 얼마나 소중한 것들을 망치고 있는지를. 드라마 〈나의 아저씨〉에 나온 대사가 생각난다. "그대, 평안함에 이르렀는가?" 투사의 안경을 벗었을 때 당신은 비로소 평안해질 것이다.

자기 과몰입에서 자유로워지기
: 관찰자 시점의 힘

나는 발표를 해야 하는 순간에 몹시 긴장하는 편이다. 아마 불안도가 높은 성격 탓일 것이다. 위험을 감지하는 센서가 지나칠 정도로 민감하게 작동하는 사람이라서 스트레스에 취약하고 에너지가 빨리 소모된다. 강연이 있으면 잘할 수 있을까 걱정되고 사람들 앞에 서는 것이 너무 떨린다. 안 하고 살 수 있다면 제일 좋겠지만 세상일은 내 맘대로만 되지 않는 법. 전공의 시절에는 끊임없이 이런저런 발표를 해야 하기에 하루하루가 불안의 연속이었다.

그런데 지금 생각해보면 전공의가 발표 불안을 겪는 것은 너무 당연하다. 내가 생각한 세 가지 이유가 있다. 첫째, 의학적 지식이 부족한 시기이므로 스스로의 발표에 자신이 없다. 둘째, 학예회 발표가 아니라 냉혹한 전문가들의 평가를 받는 자리다. 셋째, 나를 포함한 대부분의 의사는 남들에게 똑똑하고 잘났다는 평가를 듣고 싶어 한다. 발표를 두려워하는 사람들의 이야기를 듣다 보면 이 세 가지 이유에서 크게 벗어나지 않는다. 대부분 3인칭 관찰자 시점이 자신을 바라보고 있다는 것을 지나치게 의식한다. 잘난 3인칭 시점의 누군가가 못난 1인칭인 나를 평가하고 판단한다는 생각이 들어 자신감을 잃고 불안해한다. 여기서 관찰자는 가족, 친구, 연인, 직장 동료 등 그 누구라도 될 수 있다.

많은 사람이 관찰자가 내리는 평가에 연연하면서 그들의 눈높이에 나를 끼워 맞추려고 한다. 제3자가 내리는 평가를 자신에 대한 객관적 평가로 받아들이고는 의문을 갖지 않는다. 이렇게 평생 관찰자 시점에 맞춘 인생을 살다 보면 주체로서의 나는 없어지고 객체로서의 나만 남게 된다. 내 삶의 기준과 의미와 목적이 내가 아닌 제3자가 되기 때문이다.

관찰자 시점의 주변인들을 한번 떠올려보며 이 질문들에

답해보자.

· 그들은 정말 그 영역의 전문가가 맞는가?
· 그들이 나에게 하는 평가나 충고는 객관적이고 합리적인가?
· 그들은 나의 성장을 진심으로 바라는 마음에서 충고하는가?

자기도 모르게 늘 3인칭 시점을 향하게 되는 사람은 이 질문들에 자신 있게 '예'라고 대답하지 못한다. 일단 이런 질문 자체를 고민해본 적이 없다. 남의 평가와 시선을 의식하는 버릇이 있다면 먼저 3인칭 시점의 전문성과 객관성에 물음표를 던져야 한다.

의식적으로 애쓰다 보면
정말로 달라진다

발표를 할 때 나는 자동적으로 3인칭 시점으로 전환이 되는 사람이었다. 그러나 이제는 시점을 1인칭으로 가지고 오기 위해 의식적으로 애쓴다. 내 강연을 들으러 온 사람들은 나보다 아는 것이 많지 않다는 사실과 강연장에서만큼은 내가 최고의 전문가임을 스스로에게 열심히 되뇐다. 대신 강연 준비는 확실히 한다. 아무것도 하지 않으며 걱정만 하는 불안의 시간을 노력의 시간으로 바꾼다. 청중은 나를 평가하러 오는 것이 아니며 내 실수를 찾아내러 오는 것도 아니다. 설사 이 강연을 훌륭하게 해내지 못하더라도 내 삶에 큰 불이익이 오지는 않는다는 것을 계속해서 떠올린다.

그동안 왜 나는 스스로 강연자로서의 능력이 부족하다고 느꼈을까? 곰곰이 생각해보니 나는 전문 강연자들의 완벽한 강연만을 챙겨 보며 그만큼 해야 한다는 부담을 느끼고 있었다. 그들의 능수능란한 언변과 세련된 무대 매너를 기준으로 삼았기에 내가 그들보다 훨씬 부족하다는 자책을 하고 있었던 것이다. 나는 환자를 보는 정신과 의사이자 글을 쓰는 작가지만, 강연으로만 보면 단기 아르바이트생 수준의 아마추어다. 이 깨달음을 얻은 뒤에 나는 그저 책을 쓰는 작가의 마음으로 강연을 준비한다. 내가 이 강연을 잘 해내는지 못 해내는지가 중요한 게 아니다. 이 강연을 듣고 단 한 명이라도 얻어 가는 것이 있으면 성공이라고 생각한다. 이렇게 나는 평가받는 3인

칭 시점에서 내려와 1인칭 주인공 시점과 2인칭 청중의 시점
에 안착했다.

자기만의 시야에 갇힌 사람들이
저지르는 실수

때로는 1인칭 시점으로, 때로는 2인칭 시점으로, 또 때로는
3인칭 시점으로 자유자재로 전환해보자. 개인적 행복의 영역
에서는 1인칭으로 뛰어놀자. 소중한 친구가 힘들어할 때는 2
인칭으로 발을 디뎌보자. 냉혹한 전문가의 영역에서는 3인칭
의 평가에 귀를 기울이자. 시점 전환을 제때 하지 못하면 인생
을 마구잡이로 살게 된다. 1인칭을 고집해야 할 때 2인칭의 입
장만 들여다보면서 과한 요구를 들어주느라 허송세월을 보낸
다. 공감의 귀를 열어 2인칭의 시점을 취해야 할 때 1인칭이나
3인칭의 시선을 들이대 상대방을 더 힘들게 한다. 나의 성장
에 도움이 되는 3인칭의 쓴소리에 귀를 막고 1인칭을 고집한
다. 그저 남들이 요구하는 인칭의 시점에 나를 맞추거나 상황
과 맥락에 맞지 않게 나만의 기준에서 인칭을 고집하면서 살
아가는 것이다.

시점 전환을 연습하기 위해서는 먼저 내 주위 사람들과 상황들에 대한 객관적 안목을 키워야 한다. 나의 내면 상태와 상대방의 내면 상태를 열심히 파악해보자. 상대의 요구에 무작정 따르지 말고 왜 그런 요구를 하는지 고민해보자. 내 행동으로 어떤 결과가 일어났다면 왜 그런지 융통성 있게 해석해보자. 사회적 상황이나 대인관계에서 다음에 무슨 일이 일어날지 고민해보자.

연애 리얼리티 프로그램이 인기다. 짝을 찾으러 온 남녀는 정해진 기간 동안 설레고 슬퍼하고, 때로는 누군가를 미워하고 견제한다. 일상에서는 느끼기 힘든 여러 가지 감정이 극적으로 요동친다. 시청자들이야 즐겁지만 출연자들은 나중에 자신의 영상을 보며 후회의 발차기를 하지 않을까 생각한 적이 많다. 사랑을 찾겠다는 목적 하나로 참여한 출연자들이 애정 관계에 과도하게 몰입하기 때문이다. 1인칭 시점에 몰입한 출연자는 자신의 결핍을 드러내며 혼자 드라마를 찍고, 2인칭 시점에 몰입한 출연자는 상대방의 명백한 잘못을 지나친 이해심으로 덮어준다. 그들에게는 1인칭 시점과 2인칭 시점만 존재하며 상황을 객관적으로 바라볼 3인칭 시점이 없다. 간혹 1인칭, 2인칭, 3인칭 시점을 자유자재로 오가는 현명한 출연자들도 등장한다. 상대를 충분히 배려하면서도 감정을 솔직하게 표현하고, 상대의 숨은 매력을 알아보고 적극적으로 호감을 드러내는 사람들이다.

　자기 자신에게만 너무 몰입될 때, 다른 사람에게 지나치게 맞추려는 나를 발견할 때, 사람들 앞에 서는 일이 너무 두려울 때에는 시점 전환의 힘을 떠올려보자. 자유롭게 시점을 전환하는 힘을 기르면 세상을 보는 시야가 달라질 것이다.

현재를 잘 살면,
과거는 무력해진다

인생은 한편의 연극이다. 각본, 연출, 편집, 연기, 음향과 무대장치 모두 나 혼자 담당하는 한편의 모노드라마다. 물론 중간에 누군가가 끼어들어서 방해하기도 하고, 혹은 누군가가 고장 난 조명을 고쳐주며 잘 흘러갈 수 있게 도와주기도 한다. 그러나 이 연극은 온전히 혼자의 책임으로 완성해야 한다. 그래서 우리는 자신의 선택과 행동으로 만들어낸 세계에 전적으로 책임을 지는 작가이자 배우이자 감독이다.

때로 우리는 현재의 생각, 상황, 경험이 모두 과거에서 유발되었다고 믿고, 지금의 힘든 상황에 대한 책임을 과거로 돌린다. 그러나 자신이 기억하는 과거가 정확하다고 자신 있게 말할 수 있을까? 과거란 내가 주관적으로 해석하고 편집한 기억에 불과하다. 우리는 모노드라마의 필름을 돌려 보면서 어떤 부분은 삭제하고 어떤 부분은 이어 붙였을 것이고, 어떤 부분에는 밝고 희망찬 음악을 깔고 어떤 부분에는 음산한 음악을 깔았을 것이다. 예능 프로 PD처럼 악마의 편집도 천사의 편집도 모두 가능하다.

우리가 과거를 보는 방식은 객관적이지 않다. 우리는 과거를 '현재의 나를 바라보는 방식'으로 기억하기 때문이다. 그래서 현재의 나를 보는 인식의 틀이 긍정적이라면 과거는 긍정적인 틀에 맞춰 인식되고, 그 반대라면 부정적인 틀에 끼워 맞추어진다. 과거를 어떤 모습으로 기억하느냐는 나의 현재에 달려 있다.

힘든 원인을
과거에서만 찾는 사람들

인영 씨는 어렸을 때 집안 형편이 안 좋았다. 부모님은 돈 때문에 싸우다가 결국 이혼을 했고 가난으로 위축되었던 까닭인지 친구도 없었다. 내성적이고 우울했던 인영 씨는 20대에도 그리 행복하지 못했다. 항상 혼자 다녔고 남의 눈치를 봤으며 늘 주눅 들어 있었다. '왜 나는 성격이 이럴까?' '왜 나는 대인관계 능력이 떨어질까?' '언제 어디에서부터 인생이 꼬였을까?'를 고민했다. 인영 씨는 비참하게 살던 과거를 곱씹으며 무슨 일이든 부정적으로 바라보았고 자신의 미래를 비관적으로 그려보는 일에 에너지를 허비했다.

그런데 갑작스럽게 인영 씨의 인생이 달라지기 시작했다. 가벼운 마음으로 썼던 웹소설이 판타지 소설 플랫폼에서 인기를 끌게 된 것이다. 인영 씨는 그때부터 웹소설 작가가 되겠다는 꿈이 생겼다. 사회성이 떨어지고 불안도가 높은 성격은 작가로 사는 데 더 이상 단점이 되지 않았다. 오히려 사람들과 어울려 다닐 시간을 아껴 자료 조사를 하고 글을 쓰고 다른 소설을 열심히 읽는 데 매진할 수 있었다. 지금은 종합병원을 배경으로 쓴 의학 판타지 소설이 꾸준히 인기를 끌어 또래 친구들의 월급을 훨씬 웃도는 인세를 받는다. 30대의 인영 씨는 더이상 과거를 곱씹지 않는다. 머릿속이 단순해져서 아메바 같다고 이렇게 살아도 괜찮은 건지 모르겠다며 밝게 웃는다. 자신을 괴롭혔던 가난하고 초라했던 시절을 더 이상 원망하지 않는다. 인간은 과거의 사건 자체보다는 사건에 부여한 의미에 의해 고통받는 존재이며 그 의미는 현재의 내가 결정한다는 것을 잘 보여주는 케이스다.

현재를 걱정 없이 살게 되면 소위 '가진 자의 여유'를 얻게 된다. 주인의 곳간이 넉넉하면 종들에게 인심이 좋아지는 것처럼 관용과 용서와 배려를 베풀 수 있게 된다. 내게 상처 주었던 사람에 대해서도 마찬가지다. 그보다 내가 우위에 서 있다고 느끼면 복수의 칼날을 갈아야 할 필요를 못 느낀다. 더이상 그 사람의 근황도 궁금하지 않게 된다. 게임은 끝났으며 나의 승리로 이 판이 마무리된 것이다.

현재를 잘 살게 되면 과거를 적극적으로 왜곡하면서 미화할 수 있다. 과거의 객관적 현실이 주관적 해석으로 덮어씌워져서 과거는 더 이상 나를 괴롭히는 힘을 발휘하지 못하게 된다. 내게 상처를 주었던 일은 역설적으로 나를 이 악물고 버티게 하는 동기로 작용해 지금의 나를 만들어낸 일등 공신으로 미화된다. 과거의 역경을 극복하고 성과를 이루어낸 기업가들의 성공 스토리를 보면 돈 때문에 서러웠던 경험이 꼭 한번은 들어가 있다. 인영 씨가 힘들 때마다 판타지 소설이라는 피난처로 숨었던 덕분에 작가로서의 토대를 닦을 수 있었다고 그 시절을 웃으며 회상하게 되었듯이 말이다.

독자들과 만나는 자리에도 얼굴을 드러내는 것이 두려워 친구를 대신 내보내야겠다고 생각할 정도로 소심한 인영 씨는 원래 자신의 성격을 정말 싫어했다. 그러나 이제는 자신의 성격을 싫어하지 않는다. 외부와 타인에게 시간을 뺏기지 않고 하루에 열 시간 이상 집중해서 글을 써야 하는 작가라는 직업에 오히려 큰 도움이 되기 때문이다. 인영 씨에게 과거는 더 이상 숨겨야 할 치부로도, 현재의 삶을 힘들게 하는 장애물로도 작용하지 않는다.

현재를 잘 살게 되면 자기 인식의 틀을 바꿀 수 있다. 그리고 변화된 자기 인식의 틀은 스스로를 노력하게 해 더 좋은 결과를 만든다. 그리고 그 결과는 또 다른 긍정적 인식의 틀을 강화하면서 풍요의 선순환을 이끌어낸다. 이 단단한 선순환은 설령 어떤 일에 실패했을 경우에도 다시 일어설 수 있는 회복력을 준다. 요즘 인영 씨는 악플에 크게 신경 쓰지 않는다. 글을 쓰는 초기에는 악플이 하나라도 달리면 가슴이 쿵쾅거렸고, 계속 글을 써도 될지를 고민하느라 밤을 샜다. 지금은 악플을 보더라도 이 글이 취향이 아닌 독자의 무례한 댓글이라고 산뜻하게 규정하기에 스스로를 괴롭히지 않는다.

현재를 찍는 필름은
계속해서 돌아가고 있다

어린 시절에 어머니에게 학대를 받았던 유경 씨. 유경 씨의 어머니는 세상을 떠나기 며칠 전, 딸에게 그동안 미안했다는 사과를 했다. 그러나 그 사과는 유경 씨의 마음에 와닿지 않았고 응어리진 상처가 풀리지도 않았다. '이제 와서 어쩌라고? 죽기 전에 본인 마음만 편해지면 다인가?' 싶어 또 다른 반발심이 들었다. 남들은 엄마가 돌아가시면 본인의 우주이자 뿌리가 사라지는 느낌에 슬프다는데, 그게 무슨 감정인지 상상도 가지 않았다. 조문을 온 친구가 얼마나 마음이 힘드냐며 자신을 끌어안고 우는데 엄마의 장례식이 하나도 슬프지 않은 스스로의 모습이 슬펐다.

20대 때 유경 씨는 '왜 우리 엄마는 스트레스를 받으면 나를 때렸을까?' '내가 무슨 잘못을 했다고 폭언을 했을까?'를 파고들었고, 자신이 착한 딸이 되어야만 행복한 가정이 될 거라는 착각에 빠져 있었다. 스스로의 부정적 감정과 어린 시절에 겪은 힘든 일에 몰입이 되어 자신의 과거를 파고 또 파면서 끊임없이 쳇바퀴를 돌렸다.

그러나 회사에 들어가 능력을 인정받고 자상하고 성숙한 배우자를 만나 딸을 낳고 기르면서 과거의 악몽에서 벗어났다고 말한다. 딸을 낳고 키우다 보니 이렇게나 귀하고 소중한 존재를 학대했던 사람이 정상이 아니었음을 깨닫게 된 것이다. 유경 씨는 더 이상 엄마를 이해하기를 그만두고, 엄마가 변화할 거라는 기대 또한 포기했다. 그러면서 자연스럽게 자기를 옭아매고 있던 과거에서 벗어났다. 그 뒤로는 남편과 함께 열심히 맞벌이를 해서 아파트 평수를 늘렸고, 딸을 잘 키우면서 본인의 삶에 최선을 다했다. 그랬더니 엄마가 만들어주었던 힘든 과거가 저절로 삶의 울타리 밖으로 던져졌다고 말했다.

유경 씨는 세상과 적극적으로 맞부딪힘으로써 과거의 기억에 빠져드는 버릇을 극복했다. 이처럼 과거를 의미 없게 만드는 건 현재이며 과거의 가해자를 잊을 수 있는 건 현재의 내

옆을 지키는 의미 있는 타인이다. 나의 과거는 나의 현재가 해석한다. 반정에 성공해서 왕조를 세우면 개국공신이 되지만 실패하면 구족을 멸할 역적이 된다. 이겨서 살아남은 자의 시선으로만 역사는 기록되고 전해진다. 개인의 삶 또한 마찬가지다. 우리는 현재의 삶을 사는 데 최선을 다해야 한다. 통제할 수 없는 과거에 얽매이는 건 지금의 삶에 아무런 도움이 되지 않는다. 통제할 수 있는 현재에 내 모든 에너지를 쏟아부어야 한다.

'삶은 끊임없이 촬영을 하는 영화와 같지만 되돌려 볼 수도, 편집할 수도 없는 것이다.'

빅터 프랭클의 말이다. 나의 모노드라마를 찍는 필름은 계속해서 돌아가고 있다. 우리가 현재에 최선을 다하지 않으면 안 되는 이유다.

2장

정신적으로 독립해야
비로소 강해진다

자기 인생을 장악하고 싶은
당신에게

어떤 포기는
어떤 도전보다 아름답다

공무원 시험에 일곱 번째 낙방한 A, 비트코인에 투자해서 큰돈을 잃고도 다시 코인에 돈을 넣고 있는 B, 자신을 감정 쓰레기통 삼는 친구의 연락을 10년째 받아주고 있는 C, 외도를 일삼는 배우자를 여전히 뒷바라지하는 D. 진료실에서 털어놓는 환자들의 고민에 나는 이렇게 말한다. A에게는 이제 공무원 시험을 포기하고 다른 직업을 찾아보라고, B에게는 잃은 돈을 되찾을 생각을 포기하라고, C에게는 친구를 손절하라고, D에게는 이혼하라고 말한다. 환자들뿐 아니고 주위에서 포기를 하지 못해 괴로운 삶을 이어가는 이들을 흔하게 본다. A와 B가 자신의 기대와 희망을 포기하지 못하는 사람이라면 C와

D는 스스로를 괴롭히는 인간관계를 포기하지 못하는 사람이다. 이처럼 더 이상 의미가 없어진 일을 포기하지 못하는 사람들은 자기 확신이 떨어져 있거나 변한 관계의 역동을 두려워하고 있다. 절대 포기하지 못하겠다는 의지는 같은 잘못을 끝없이 되풀이하면서 불행을 반복하겠다는 선언과 마찬가지다.

사실 포기하라는 조언은 너무 쉽고 간편하게 느껴진다. 그러나 내가 권하는 포기는 손쉬운 회피가 아닌 용감한 참여이자 새로운 도전이다. '소극적 포기'나 '수동적 선택'이 아닌 '적극적 포기'이자 '주도적 선택'이다. 또한 하나를 포기하면서 다른 하나를 선택하는 출구 전략을 마련한 포기다. 적극적이고 주도적이어야 하는 만큼 누구에게도 쉬운 일이 아니다. 특히 자기 확신이 떨어져 있거나 불안한 환자들에게는 주도성을 찾아야 한다는 말 자체가 와닿지 않을 때가 많다.

매번 도망만 가는 사람에게는
아무것도 남지 않는다

병원을 찾은 20대 후반 수아 씨는 '앞으로 뭘 하고 살아야 할지 모르겠다'는 사회 초년생의 고민에 빠져 있다. 공부를 잘해 좋은 대학을 나왔고 그럭저럭 괜찮은 회사에 취업했으나 퇴사를 고민 중이라고 한다. 학부 전공이 마음에 들지 않아 전공과는 무관한 직업을 택했는데 이 직업도 자신이 진짜 원하는 것인지 모르겠단다. 회사 분위기가 문제인지 처우가 문제인지 아니면 업무의 본질이 문제인지 자세히 물어보면 이것저것 다 섞인 이유인 것 같다며 두루뭉술하게 답한다. 그래도 남들이 보기에 번듯한 직업을 가진 멋진 커리어우먼이 되겠다는 의지는 충만하다.

수아 씨는 아쉬울 것 없는 집안과 자식 교육에 극성인 부모님 덕분에 온갖 예체능 사교육과 입시 과외를 받았다. 첼로며 피아노며 스키며 승마며 이것저것 다 해봤지만 끈기 있게 해본 것은 하나도 없다. 오히려 금방 포기하는 버릇이 들어 조금만 힘들어도 포기해버리는 게 자신의 단점이라고 말한다. 어린 시절부터 선행 학습과 과외에 익숙한지라 혼자 공부하는 방법을 몰라서 대학에서는 학과 수업과 과제를 따라가는 것이 힘들었다. 원하는 것을 손에 쉽게 쥐다 보니 부족한 것을 기다리고 인내하는 법을 배우지 못한 경우다. 수아 씨의 반복되는 포기는 아무 의미도 없는 포기였고, 그에 따라오는 실패감과 자괴감만이 남아 있었다.

수아 씨가 했던 소극적 포기가 아닌 적극적 포기가 되려면 포기의 대상이 '내가 적극적으로 선택한 것'이 되어야 한다. 첼로든 승마든 수아 씨에게는 저절로 주어진 것이었을 뿐 스스로 원해서 선택한 것이 아니었기에 배우는 과정에서 성취감과 만족감을 얻지 못했다. 그리고 그 과정에 필연적으로 따라오는 어려움을 잘 넘기고자 하는 의지 또한 없었다. 어려워진다 싶으면 바로 포기했으며 자신이 포기한 것에 대한 아쉬움도 없었다. 남이 결정해준 시작과 과정과 끝맺음을 따라갔으니 치열한 고민과 노력이 뒤따라오지 않았다. 그러기에 그 많은 것을 해봐도 내 것으로 남은 것이 별로 없었고, 20대 후반인 지금도 자신이 무엇을 좋아하고 무엇을 싫어하며 무엇을 잘하고 무엇을 못하는지 알지 못했다.

평생 매달려온 운동을 포기한
운동선수에게서 배우는 것들

음악, 미술, 운동 등 예체능으로 이름을 날린 사람들을 떠올려보자. 그들의 연습량은 일반인들이 상상할 수 없을 정도로 어마어마하다. 발레리나 강수진 씨는 하루 연습 시간이 열여덟 시간이라고 말한다. 이들은 단 하루도 쉬지 않으며 먹는 것 자는 것 모두 철저히 관리한다. 이런 치열한 과정 중에 사소한 실수로 손가락을 다쳐 자신의 분신 같은 바이올린을 놓기도 하며 발목 부상으로 토슈즈를 벗어야 하는 일도 생긴다. 그러면 어쩔 수 없이 눈물을 머금고 가던 길을 포기한다. 평생을 바쳤던 것을 스스로 포기해야 했던 절망감에서 헤어 나오기 위해 애쓰며 다른 일을 찾는다.

이들의 포기는 수아 씨의 포기와는 질적·양적으로 다르다. 자신에 대해 아무것도 몰랐던 수아 씨와 달리 그들은 안다. 자신이 무엇을 잘하고, 무엇을 갈망하고, 무엇에 좌절하는지. 목표하던 기록을 이루었을 때 세상에 부러울 게 하나 없던 기분과 소중한 것을 잃어버린 경험이 얼마나 서럽고 슬픈지 안다. 적어도 스스로의 선택과 과정과 포기를 통해 배우는 것이 있다는 이야기다. 처음의 절망감을 극복한다면 그들의 다음 스텝 또한 그런대로 괜찮을 거라고 나는 생각한다. 생각해보라. 하루에 열여덟 시간을 연습하는 근성이면 뭘 하더라도 성공하지 않겠는가?

여기서 말하는 포기는 더 이상 바람에 이리저리 흔들리는 갈대와 같은 삶을 살고 있다는 의미가 아니다. 자신이 인생의 선장으로서 돛을 올리고 바람을 탈지 돛을 내리고 바람을 타지 않을지 결정하는 의미로서의 포기다. 세상에 내가 원하는 길을 똑같이 만들어낼 수는 없지만 적어도 이리저리 나 있는 길에서 어떤 길을 선택하고 어떤 길을 포기할 것인지는 내가 결정할 수 있으니 말이다.

포기의 의미가 가치가 있으려면 처음의 선택부터 가치가 있어야 함을 명심하라. 나에게 가치 없는 일을 포기할 경우 인간은 배우는 것이 별로 없다. 내가 무능하고 끈기가 없는 인간이라는 것을 다시 한번 느낄 따름이다. 당신은 포기를 자주 하는 사람인가? 그렇다면 당신이 처음에 했던 선택부터 되돌아보아라. 포기가 의미와 가치를 지니려면 선택부터 의미와 가치가 있어야 한다. 대충하는 선택과 대충하는 포기는 이제부터 인생에서 없애버리자. 선택도 과정도 포기도 스스로 주도적으로 치열하게 하라. 결코 쉽지 않을 그 선택들은 내 삶에 의미 있는 경험과 통찰을 남길 것이다.

중요한 선택 앞에서는
'이것'만 생각하라

아버지의 여명이 고작 1년 6개월이라는 청천벽력 같은 이야기를 들은 날이었다. 담당의는 항암 치료 중간중간에 아버지의 체력이 괜찮은 날에는 가족들끼리 시간을 보내며 추억을 쌓으라는 이야기도 덧붙였다. 무너지는 마음을 가눌 길이 없었다. 빠듯한 살림에도 장난감과 책을 아낌없이 사주었던, 어린 시절 유독 늦되고 아픈 데도 많았던 나를 데리고 대학병원 문턱이 닳도록 뛰어다니던 아버지가 없는 세상을 떠올려본 적이 있었던가. 그 선고를 받은 날로부터 아버지의 남은 시간에 내가 무엇을 해야 할지 나는 너무나 잘 알고 있었다. 그가 내게 해주었던 대로 하는 것이었다. 그런데 나는 그러지 못했다.

개인의원을 운영하고 있다는 이유로 항암 치료를 받으러 가는 날에는 다른 형제들이 휴가를 내서 아버지를 간병했고, 아들과 조촐하게 여행을 가는 날에는 아버지도 함께 갈까 싶었지만 체력이 되지 않을 거라는 생각에 지레 접은 날도 있었다. 주말에는 써야 할 원고가 있다는 이유로, 피곤하다는 이유로 아버지를 들여다보지 못한 날에 내가 가장 많이 했던 생각은, '내일 하면 되지'였다. 돌아보면 강연이 있거나 피치 못할 외부 스케줄이 있을 때면 환자 예약을 비우고 나에게 더 가치 있는 시간을 선택함에 주저함이 없었는데, 왜 아버지를 위한 시간에는 나의 '편리'를 택했을까.

아버지가 돌아가신 후 형제들이 모여 아버지의 살아생전을 떠올리며 했던 이야기가 있다. 우리는 많은 경우 우리의 '편리'를 위한 선택을 했고, 아버지는 항상 '가치'를 위한 선택을 했다는 것이다. '아버지와 시간을 더 많이 보낼걸', '아버지를 위한 가치를 선택할걸', 나는 오래도록 후회했다.

뿌듯함의 경험을 쌓을수록
가치 있는 선택은 늘어난다

인간은 선택을 할 때 어떤 때는 '가치'를 택하고 어떤 때는 '편리'를 택한다. 사람에 따라 주로 '가치'를 택하는 사람이 있고, 주로 '편리'를 따르는 사람이 있다. '가치'를 따르는 선택을 하는 사람들은 당장의 삶이 어렵고 힘들더라도 그 시간과 노력이 의미가 있다는 것을 안다. '편리'를 따르는 사람들은 당장의 이득을 추구한다. 아버지와의 시간 대신 강연을 택한 나, 피곤하다고 아버지를 살펴보지 못한 나는 안락함, 즉 편리를 좇은 것이다. 그 결정이 '실리'에 따르는 선택이었다고 스스로 믿어버리며. 그때 만약 아버지와 함께하는 선택을 했다면 오래도록 간직할 마음의 유산을 얻지 않았을까. 이처럼 '편리'를 위한 선택은 당장은 안락함을 줄지 모르지만 언젠가는 후회로 돌아온다. 반대로 '가치'를 위한 선택은 당장은 힘들어도 뿌듯함을 남긴다.

뿌듯함은 가치 있는 선택을 도울 뿐 아니라 자존감에도 영향을 미친다. 뿌듯함을 느끼는 경우는 크게 두 가지가 있다.

첫 번째는 자신의 성장을 위해 스스로 노력하고 그것을 체감할 때다. 코딩 학원을 다니며 자신도 모르는 재능을 발견하고 열심히 노력해 개발자로 몸값을 올릴 때 당신은 뿌듯할 것이다. 알뜰히 돈을 저축해 월세에서 전세로 옮기고, 18평 아파트에서 23평 아파트로, 또 33평 아파트로 이사를 할 때 우리는 뿌듯하다. 유튜버들은 채널 구독자와 조회 수가 늘어날 때 자신의 노력에 뿌듯함을 느낄 것이고, 내 경우에는 책이 한 권, 두 권 쌓일 때 작가로서 뿌듯함을 느낀다.

두 번째는 나를 넘어 세상을 향한 의미를 찾을 때다. 이는 이타성으로 설명된다. 유기견 문제에 관심이 많은 사람이라면 유기견 구호 활동에 참가하고, 유기견 보호소를 청소하는 봉사활동에서 뿌듯함을 느낀다. 누군가는 힘들게 기른 긴 머리카락을 소아암 환자에게 기증을 할 때 뿌듯하다고 한다. 악덕 기업의 상품을 불매운동 하고, 사회적 문제에 목소리를 내는 일에 가치를 느끼는 이도 있다. 한 환자는 본인이 제기한 '청소년 촉법 폐지' 청원이 20만을 넘지 못했지만 그래도 뿌듯했다고 말한다. 새벽에 수산시장에 나와 힘들게 장사를 하면서도 자식이 커나가는 모습을 보며 뿌듯함을 느끼는 부모, 책을 읽고 도움을 받았다는 독자의 피드백을 받으면 행복해하는 작가도 있다. 이 이타성은 '나눔의 미학'으로도 연결된다. 내가 가진 무언가를 세상을 향해 자발적으로 내놓는 행위이기 때문이다.

매 순간 '가치'와
'편리'를 재는 법

'편리'를 택하는 삶이 더 성공적으로 보일 수도 있다. 아버지가 위암 4기 진단을 받고 수술과 항암 치료를 받으면서 생사를 오가는 동안 나는 두 번째 책과 세 번째 책을 써 내면서 작가로서의 포트폴리오를 착실히 쌓았다. '편리'를 선택한 삶은 얼핏 성공적인 것처럼 보인다. 그러나 나는 아버지가 돌아가신 후 '편리'를 위한 선택은 반드시 후회를 가져온다는 사실을 알아버렸다. 타임머신을 타고 아버지가 살아계셨던 과거의 그 순간으로 돌아갈 수만 있다면 나는 주저 없이 '가치'를 선택할 것이다.

간혹 자신의 팔자가 왜 이리 꼬였는지 모르겠다며 신세를 한탄하는 사람을 만나기도 한다. 가만히 그 사람의 인생을 들여다보면 운이 없어 팔자가 꼬인 것이 아니라 중요한 순간에 반복적으로 '편리'에 따른 선택을 해서 나타난 결과일 때가 많다. 50대 연숙 씨는 자식들이 자신을 무시한다고 불만이 많다. 연숙 씨는 첫 번째 남편과 이혼 후 딸을 시골 친정집에 맡기고 도시로 나와 혼자 살다가 재혼을 했다. 두 번째 남편과도 딸을 낳은 후 몇 년을 살다가 갈등이 심해져 이혼하게 되었는데, 이번에도 아이의 양육은 감당하지 않았다. 연숙 씨의 두 딸은 서로의 존재만 알고 있을 뿐 남보다 못한 사이고, 연숙 씨 역시 아이들의 어린 시절을 같이하지 않았기에 서먹서먹하다. 결정적인 시기에 '가치'를 선택하는 대신 '편리'에 따른 연숙 씨는 코로나에 걸려 격리를 하는 동안 두 딸 중 누구도 안부 전화한 통이 없었다며 서럽다고 말한다. 시간을 돌이킬 수 있다면 연숙 씨도 다른 선택을 하게 될까.

당장은 재미와 즐거움을 주지만 나중에는 스스로를 겨누는 칼이 되는 선택들이 있다. 마약, 음주 운전 등의 문제가 대표적이다. 인간은 하루에 사소한 선택까지 약 3만 5000번의 선택을 한다고 한다. 수면 시간을 일곱 시간이라고 가정할 경우 시간당 약 2000번의 결정을 하는 셈인데, 이 말은 2초마다 무언가를 선택하고 있다는 뜻이다. 이 선택 중에 유의미한 선택은 하루에 평균 150번 정도이며, 이 결정 중에 좋은 선택이라고 할 수 있는 것은 고작 다섯 번에 지나지 않는다고 한다. 큰 선택부터 작은 선택까지 인간은 태어나서 죽을 때까지 끊임없이 결정을 해야 하며 이 선택을 통해 현재의 내가 만들어진다.

매 순간 '가치'와 '편리'를 재자. 두 선택지의 결과가 양극단에 치우치지 않는다면 고민하지 않고 한 가지를 선택해도 좋다. 그러나 제로섬 게임처럼 '가치'와 '편리' 중 하나만을 선택해야 한다면 가치를 택하자. '편리'의 결과가 즉각적이고 화려해 보일지라도 '가치'를 택한 이들의 내적 튼실함은 이기지 못한다. 만약 아빠를 다시 만난다면, 그때는 가장 가치 있는 선택을 할 것이다. 후회를 낳지 않는 선택을.

마음이 편해지는
유연함의 기술

간혹 스트레스를 잘 안 받는 사람들을 본다. 괴로운 상황이 분명한데도 훌훌 잘 털어버리고는 '나는 스트레스 잘 안 받아'라고 말하는 사람들 말이다. 왜 어떤 사람은 스트레스 때문에 괴로워하고, 어떤 사람은 스트레스로부터 자신의 멘탈을 지킬 수 있는 걸까?

스트레스 이론으로 유명한 심리학자 리처드 라자루스Richard Lazarus는 어떤 사건이 일어나서 정서 반응을 일으키는 것은 그 사건에 대한 인지적 해석에서 생긴다고 말한다. 사람마다 스트레스를 평가하는 해석이 다르기 때문에 결과로서 나타나는 스트레스도 그 정도가 다르다는 것이다. 라자루스에 따르면 한 사건이 발생했을 때 일차적으로 그 사건이 나의 목표와 일치하는지를 봐야 한다. 사건이 내 목표와 일치하면 긍정적인 감정이 생기고, 일치하지 않으면 부정적인 감정이 생긴다. 예를 들어 어두운 밤길을 가다가 낯모르는 남자가 내 뒤를 따라오는 것을 알게 되면 불안해지고, 반대로 어두운 밤길에 나를 걱정하는 아빠가 마중을 나온 것이라면 반가운 감정이 든다.

이차적으로는 그 사건에 대한 나의 대처 능력이 중요하다. 낯선 사람이 정말 강도라면 내가 도망갈 수 있는지, 맞서 싸울 수 있는지, 지갑을 내줘야 할지, 근처 편의점으로 들어가서 신고해야 할지 머리를 굴리며 나의 대처 능력을 평가하게 된다. 이 과정에서 나의 대처 능력이 떨어진다는 생각이 들면 스트레스 지수가 올라가고, 대처 능력이 높다는 생각이 들면 스트레스를 크게 받지 않는다. 즉, 스트레스가 긍정적으로 작용하느냐, 부정적으로 작용하느냐는 사람의 인지적 평가에 따라 달라진다. 스트레스를 잘 안 받는다고 말하는 사람들은 스트레스를 긍정적으로 해석하는 능력이 남다르게 좋은 사람이다. 또한 그들은 자신이 통제할 수 있는 영역과 통제할 수 없는 영역을 잘 구분한다. 통제 불가능한 영역에서는 마음을 내려놓고 힘을 빼는 것. 그것이 스트레스 없이 사는 비결일 것이다.

　반대로 스트레스에 유난히 힘들어하는 사람들을 살펴보자. 그들은 힘든 상황이 닥쳤을 때 과도하게 자기 탓을 한다. 상황의 원인을 자기에게 돌리고 자괴감에 빠진다. 더 나은 미래를 그릴 수 있다면 자기 탓도 그리 나쁘지는 않다. 하지만 과도한 자책은 보통 꼬리에 꼬리를 무는 생각으로 이어진다. 내가 늦잠을 자서 지각을 했다는 생각에 그치지 않고 나는 원래 게으르고 나태하며 출근 하나도 제대로 못하는 사람이라는 자책을 하는 경우다.

　꼬리에 꼬리를 무는 생각의 종착역은 나는 내 삶을 통제할 수 없는 무능력한 사람이라는 결론이다. 이런 삶의 태도는 내가 내 인생의 방향키를 잡고 있지 않다는 무력감과 연결된다. 바람에 이리저리 흔들리는 갈대가 되어 바람이 동쪽으로 불면 동쪽으로 흔들리고 서쪽으로 불면 서쪽으로 흔들리는 신세가 되는 것이다. 내 인생의 주인의식을 갖지 못하고 노예의 마인드가 되어 남의 손에 내 운명을 맡기게 된다. 꼬리에 꼬리를 무는 생각 때문에 힘들다는 이들의 패턴은 대부분 이렇다. 사고가 경직되어 있기에 한 가지 방향으로만 생각이 흐른다. 이

런 패턴을 반복하는 사람들에게 좀 더 나은 미래를 도모하는
동력이 있을 리 없다.

스트레스를 줄여주는
유연한 사고방식 다섯 가지

우리에게 필요한 것은 융통성 있는 사고의 전환이다. 다섯
가지 유연한 사고방식을 기억해두자.

**첫째, 사람은 일차원적인 존재가 아니라 다차원적인 존재
임을 기억하자.**

'나는 게으르다'라고 스스로를 단정 짓지 말고, '나는 집안
일을 할 때는 게으르지만 회사 일을 할 때는 부지런한 사람이
다. 또한 비록 약간 게으른 건 사실이지만 타인에 대한 배려심
이 뛰어난 사람이며 신중한 면도 있는 사람이다'라고 생각하
는 것이다.

둘째, 성격적 특성이 아닌 행동적 특성임을 기억하자.

'나는 게으른 성격의 사람이다'가 아닌 '나는 때때로 게으

름을 피울 때가 있는 사람이다'라고 생각하는 것이다. 특히 타인의 잘못된 점을 지적할 때 이 태도는 필수적이다. '보고서도 제대로 못 쓰는 머리가 나쁜 직원이구나'라고 생각하는 것이 아니라 '이번 보고서는 내용 파악이 부족해 제대로 못 써온 것이구나'라고 생각하는 것이다.

셋째, 절대적 사고가 아닌 상대적 사고를 하자.

나는 근본적으로 게으른 사람이 아니라 남들에 비해서 때때로 게으름도 피우는 평범한 사람이라고 생각하자. 나는 다양한 사람 가운데 한 명일 뿐이다.

넷째, 도덕적 판단이 아닌 비도덕적 판단을 하자.

게으름을 피우는 나는 자기 관리를 못하는 못난 사람이라고 판단하지 말자. 단지 집안일을 별로 중요하게 생각하지 않기에 별다른 노력을 하지 않고, 집안일을 하는 데 손이 좀 느린 사람이라는 판단을 하자. 나의 치우친 판단과 해석을 집어넣지 말고 있는 그대로 관찰해보자는 것이다.

다섯째, 불변적 사고가 아닌 가변적 사고를 하자.

나의 게으름은 영원히 지속될 것이고 절대 고칠 수가 없다는 불변적 사고를 버리고, 필요한 상황에서는 얼마든지 성실하고 부지런해질 수 있다는 가변적 사고를 하자. 사람은 누구나 변할 수 있으며 상황은 얼마든지 바뀔 수 있기 때문이다. 타고난 팔자소관에 내 인생을 맡기지 말자.

어떤 안 좋은 일이 발생해서 부정적인 감정을 느낄 때 우리는 다차원적, 행동적, 상대적, 비도덕적, 가변적 사고를 해야 한다. 그래야만 현재의 삶에서 필요한 노력을 할 수 있으며 상황을 적극적으로 통제할 수 있다. 그리하면 미래 또한 나의 선택과 책임 아래 놓이게 된다. 원래 타고난 천성이 게으르기만 한 못난 사람이라서 바꾸기 어려우니 아무런 노력을 하지 않고 그냥 되는대로 살겠다고 다짐하는 사람에게 밝은 미래는 오지 않는다. 나의 삶 속에서 내면의 통제력을 상실하는 순간, 아무 생각 없이 하루하루 바위를 산꼭대기로 굴려 올리는 시시포스가 된다. 능동이 아닌 수동으로, 주체가 아닌 객체로, 목적이 아닌 수단으로서의 삶이 계속된다.

신의 노여움을 받은 시시포스는 굴러떨어진 거대한 바위를 산꼭대기로 올리기를 끊임없이 반복해야 하는 형벌을 받는다. 오늘날 서양에서는 해도 해도 끝이 없는 일, 평생 해야 하는 일을 비유할 때 '시시포스의 바위'라고 비유적으로 말한다. 프랑스 소설가 알베르 까뮈는 이 신화를 새롭게 해석한다. 그는 자신의 책『시시포스 신화』를 통해 돌을 굴리는 삶을 내가 어찌할 수 없는 세상의 부조리로 보았고 이 부조리에 대항하는 인간 시시포스에 주목했다. 험하고 불공정한 현실의 짐을 짊어지는 것이 삶이지만 그 삶에서 인간은 선택을 할 수 있다고 그는 말한다. 시시포스는 자신에게 무의미한 일을 반복하게 하여 목표를 잃은 삶을 살게 함으로써 정신적·육체적 한계로 몰아붙인 신을 시니컬하게 비웃는다. 산 아래로 굴러떨어진 바위를 찾아 내려가는 그 순간을 마음껏 만끽하며 휴식과 각성과 성찰의 시간으로 바꿔버린다.

그 순간만이라도 고통스러운 삶과 부조리한 운명을 거부하고 깨어 있음을 선택한 시시포스는 진정한 자유를 얻는다. 운명에 반항하면서 운명의 멱살을 움켜쥐고 끌고 가는 시시포스가 된 것이다. 고통스럽고 불행한 일에 의미를 부여해서 해석을 하는 건 각자의 몫이다. 고통스러운 삶에 나만의 긍정적 의미를 부여하는 순간, 인간은 삶에 대한 통제력을 회복한다. 인간은 선택과 책임을 통해 내 삶을 결정한다. 삶의 노예로서 살것인지 주인으로서 살 것인지는 나에게 달려 있다.

내향인들이여,
개인주의자가 돼라

"내향적인 성격을 어떻게 고쳐야 할까요?"

이런 질문을 하는 환자를 자주 만난다. 그러면 나는 눈을 동그랗게 뜨며 묻는다.

"그걸 왜 고치려고 하세요?"

많은 사람이 내향적인 성격은 사회생활과 대인관계에 불리하기 때문이라고 답한다. 현대사회의 특성상 외향적인 성격이 여러 면에서 유리한 건 사실이지만, 모든 직업에 외향적인 성격이 유리한 것은 아니다. 그래서 나는 20대 초반의 환자에게는 성격을 바꾸려는 노력 대신에 본인의 성격에 맞는 직업을 찾으라고 조언한다. 가급적 사람을 상대하는 일을 피하고 사물을 대하는 직업을 찾는 것이 내향적인 사람이 행복해지는 지름길이라는 말도 덧붙인다.

나도 20대 초반에 내향적인 성격을 바꾸려고 부단히도 노력했다. 가고 싶지 않은 모임에도 괜히 나가보고, 사람들의 대화에 녹아들려 애썼다. 그러나 이런 모든 노력은 몸에 안 맞는 옷을 입은 것처럼 거북했으며 모임에서 돌아오면 기가 빨리는 느낌에 축 늘어졌다. 아무리 노력해도 나는 외향적인 사람들보다 인간관계 능력이 떨어지는 비주류였다. 나의 본성을 거슬러가며 몇 년을 노력했으나 결국 실패했다. 타고난 나의 기질은 극단적으로 내향적이었고, 후천적인 노력은 선천성을 이기지 못했다.

외향적인 사람으로 거듭나려는 노력이 수포로 돌아간 이후 나는 오히려 나의 환경을 철저히 새롭게 세팅했다. 의미 없는 인간관계는 맺지 않고, 이러저런 모임에는 욕 안 먹을 정도로만 얼굴을 비치다가 지금은 거의 나가지 않는다. 그 시간에 책을 읽고 영화를 보고 음악을 듣고 운동을 하고 글을 쓰는 등 나만의 시간을 누리며 에너지를 충전한다. 꼭 필요한 강연만 골라 다니고 요청받은 인터뷰는 대부분 서면으로 처리한다.

마흔이 넘은 지금에서야 깨달은 것은, 그동안 부딪혔던 많은 문제가 내가 개인주의자이기 때문에 생겼다는 것이다. 내 내향성과는 상관없이 말이다. 나의 개인주의적 성향은 특히 한국 사회의 집합주의와 상극이었다. 나는 단체로 하는 모임이나 동호회 활동을 좋아하지 않아 대부분 혼자 놀고 혼자 다닌다. 살면서 가족이나 친척, 학교 동문, 종교나 정치 단체, 이익 단체의 구호나 목적을 우선으로 하는 선택은 별로 해본 적이 없다. '우리가 남이가?' '끼리끼리 뭉쳐야 한다' '팔은 안으로 굽는다' 같은 한국적인 표현은 나의 인식 바운더리에 없다. 조직을 위해 개인인 나를 굽힌 적이 없으며, 자신이 속한 종교나 정치 노선이 삶을 바라보는 방식의 전부인 사람들도 좋아하지 않는다.

또한 나의 도덕적 가치에 맞지 않는 종교적 가르침은 가뿐히 무시한다. 동성애나 안락사 같은 다소 민감한 문제에 대해 의문이 들면 나만의 확신이 들 때까지 논문을 찾고 책을 뒤지며 공부하기를 택하고 종교의 공인된 가르침에 따르지 않는다. 정치인들의 정치 노선도 무시한다. 철저히 후보를 검증한 뒤 순전히 인물 하나만 보고 투표한다. 전에 일하던 병원에서 불합리한 일이 벌어졌을 때는 시끄럽게 굴며 징계 위원회를 열어달라 요청해서 당사자들의 보직 해임과 세 달 치 감봉을 이끌어낸 전적도 있다.

  말하자면, 나는 내향적인 사람이라는 탈을 뒤집어쓴 철저한 개인주의자였다. 나의 개인주의적 성향이 한국 사회의 집합주의적인 문화와 충돌을 일으켰던 것이다. 그동안 나는 그 충돌들을 나의 내향성 때문이라 여겨 애꿎은 내 기질만 바꾸려 했으나, 이 깨달음 이후에는 많이 달라졌다. 타고난 성향에 따라 철저히 개인주의적으로 사는 지금은 내 내향적인 성격이 삶에서 아무런 문제가 되지 않는다. 내향적인 성격의 해결책은 외향성을 키우는 것이 아니다. 집합주의적 가치관을 개인주의적 가치관으로 전환해야 한다.

내향성은 고쳐야 할
성격이 아니다

홍민 씨는 교회에서 직분을 맡게 되면서 생긴 불안감으로 병원을 찾았다. 극도로 내향적인 홍민 씨는 교회에서 하는 간단한 성경 공부 모임조차 힘들었지만, 신앙심으로 이겨내야 한다고 생각하며 살아왔다. 그러나 직분을 맡으며 사람들과의 관계가 더 밀접해지고 앞으로 나서서 해야 하는 일이 많아지자 두려움이 커졌다. 정신과에서 불안을 잠재우는 약을 처방받아 먹으며 교회 일을 할 정도였다.

나는 홍민 씨에게 나의 극복기를 들려주었다. 모임이나 단체 안에서 꼭 사교적인 모습만을 보여야 할 필요는 없다고. 홍민 씨는 그저 공동체 생활이 안 맞을 뿐이라고. 이제 홍민 씨는 성경 공부 모임에서 꼭 말을 해야 한다는 부담감에서 벗어나 다른 사람의 이야기를 잘 들어주는 것에 집중하고 있다. 교회에는 성격상 직분을 맡는 것은 무리라며 거절 의사를 밝혔다. 홍민 씨는 진작 이렇게 해야 했다며 밝게 웃는다. 홍민 씨는 본인의 성격을 외향적으로 바꾸려고 몇 년간 노력했으나 결국 나처럼 실패했다. 그러나 본인의 내향적인 성격에 맞게 개인주의자로 사는 지금의 삶에 만족하며 행복해한다.

물론 모든 내향적인 사람이 개인주의자인 건 아니다. 영은 씨가 그런 경우다. 영은 씨는 대인관계에는 서투르지만, 동시에 끊임없이 사람 간의 관계를 추구했다. 즉, 내향적인 동시에 집합주의자인 것이다. 영은 씨는 늘 온전한 자유를 누리지 못하고 조직에 잘 끼지 못한다는 불안감을 느꼈다. 그러다 보니 매순간 자신이 무능하다는 느낌을 받았고, 사회와 조직의 소속감과 인정만을 갈구했다. 기억하자. 내향성과 외향성은 선천적인 것이라 바꾸기가 어렵다. 그러나 개인주의적인 성향과 집합주의적인 성향은 자라면서 사회와 문화의 영향을 받아 형성된 후천적인 부분이 크기에 바꿀 수 있다.

내향인들에게 말하고 싶다. 개인주의자로 나아가자. '우리'가 아닌 '나'에 무게중심을 두자. 시간이 흐를수록 내가 어떤 사람인지 더 잘 알게 될 것이다. 내가 대인관계를 좋아하는 사람인지 아닌지, 내가 어떤 사람을 좋아하고 싫어하는지, 내가 왜 이것을 싫어하고 저것을 좋아하는지를 알 수 있다. 조직과 사회가 나에게 원하는 것을 고민하는 것이 아니라, 조직과 사회가 내게 무슨 의미와 가치가 있는가를 고민하며 살 수 있다.

개인주의자가 된다는 것은 바위 안에 숨어 있는 나를 스스로 조각하고 다듬는 과정이다. 물론 끌과 망치를 다른 사람 손에 맡기면 안 된다.

내향적인 사람이 개인주의자로 살 수 있다는 것은 축복이다. 누구의 방해도 받지 않고 나만의 공간, 나만의 시간, 나만의 가치를 만들어갈 수 있기 때문이다. 열심히 돌을 쪼아 나라는 조각상을 만들어보자. 나는 믿는다. 다양하고 혼재된 가치관 속에서 개인주의자들이 능력을 마음껏 발휘하는 세상이 오리라는 것을.

'어쩔 수 없는 인생'은
없다

"적성에 안 맞고 사람들하고도 안 맞는 직장인데 어쩔 수 없이 다니고 있어요."

"남편 때문에 스트레스 받아 우울증이 생겼는데 이혼을 못해요. 아이들 때문에 어쩔 수 없어요."

'어쩔 수 없다'는 말을 많이 하는 사람들이 있다. 물론 인생을 살다 보면 어쩔 수 없는 부분들이 있다. 내가 통제할 수 있는 부분과 통제할 수 없는 부분을 구분하는 것이 삶의 지혜이기도 하다. 그러나 많은 사람이 대부분의 상황에서 내가 할 수 있는 일은 없었다고, 상황이 안 좋게 돌아갔을 뿐이라고 말한다. 자기 자신이 나서서 통제할 수 있다고 믿지 않는다.

한편 이들과 반대로 생각하는 사람들도 있다. '어쩔 수 없다'는 말을 하지 않고, 내 삶의 통제력은 내게 있다고 믿는 사람들이다. 이들이 하는 말을 들어보자.

"힘든 순간이 와도 좌절하지 않았어요."
"누군가가 희망을 꺾는 소리를 하더라도 귀담아듣지 않았어요."

이런 말들은 다음과 같은 말로 바꿀 수 있다.

"나는 내가 원하는 삶을 만들기 위해 노력했어요."

30대 현상 씨는 어떤 순간에도 자기 인생의 통제력은 자기 자신이 가지고 있다는 것을 의심하지 않는다. 어릴 적, 현상 씨는 술만 마시는 아버지와 매일 신세 한탄을 하며 자식들에게 화풀이하는 어머니 때문에 하루하루가 불행했다. 왜 부모님은 서로를 저렇게 미워하면서 헤어지지 않는 것인지 이해할 수 없었다. 현상 씨는 고등학교를 졸업하자마자 집을 나와 회사 기숙사에 살면서 3교대 생산직으로 일했다. 너를 키워줬으니 다달이 생활비를 부치라는 부모의 요구를 무시하고 악착같이 돈을 모아 대학에 갔다. 이기적인 자식이라는 부모의 악다구니에도 귀를 기울이지 않았다. 편의점 음식으로 점심을 때우면서도 꼭 안정적인 직장에 들어갈 거라고 다짐했고, 결국 공무원 시험에 합격해 자신이 원하던 평범한 하루하루를 살고 있다. 현상 씨는 부모와 같이 살아야 했던 어릴 때를 제외하고는 '어쩔 수 없다'라는 말을 하지 않았다. 내 인생은 내 것이기에 자신이 만들어나가야 한다고 생각했다. 이처럼 자기 인생의 주인으로 살려는 의지는 어떻게 키울 수 있을까?

안 하고 싶은 것을
안 하는 삶을 살아라

다음 장의 표를 살펴보자. 우리가 살면서 겪고 행하는 모든 일은 네 가지 영역으로 나뉜다. 가로축은 나의 의지고 세로축은 나의 행동이다.

의지 행동	하고 싶다	하기 싫다
했다	① · 대학원에 가고 싶었는데 노력해서 갔다. · 내 집 마련이 꿈이었는데 드디어 집을 샀다.	② · 직장을 그만두고 싶은데 대안이 없어서 그냥 다니고 있다. · 결혼 생활을 그만두고 싶은데 아이들 때문에 계속 같이 살고 있다.
안 했다	③ · 유학을 가고 싶었는데 집안 형편 때문에 못 갔다. · 미대를 가고 싶었는데 부모님이 반대해서 못 갔다.	④ · 직장을 그만두고 싶어서 그만두었다. · 이기적인 친구와 더 이상 만나고 싶지 않아 관계를 끊었다.

우리의 삶은 ①번, ②번, ③번, ④번으로 골고루 채워져 있다. 아래의 예문을 읽어보자.

아침 6시 30분에 예약해둔 알람이 울렸다. 감기는 눈을 억지로 뜨고 침대에서 몸을 강제로 일으키며 하루가 시작되었다. 후다닥 샤워를 하고 머리를 대충 말리고 비비크림을 얼굴에 찍어 발라 화장까지 마쳤다. 토스트를 구워 잼과 함께 아침을 차렸다. 바쁜 와중에도 커피 원두를 그라인더에 갈아 핸드드립으로 내려 마셨다. 출근길에는 항상 영어 공부를 하느라 이어폰을 꽂고 강의를 듣는데 오늘은 왠지 공부하기가 싫어서 그냥 음악을 들으며 출근했다.

평범한 아침 일과처럼 보이지만 쪼개서 살펴보면 ①번, ②번, ③번, ④번이 골고루 섞여 있다.

① 아침으로 토스트와 핸드드립 커피를 먹는 것을 좋아해서 시간을 내어 챙겨 먹었다.
② 일찍 일어나서 출근하는 건 정말 고역이지만 그래도 어쩔 수 없이 일어났다.
③ 화장과 머리 손질에 시간을 더 쓰고 싶었지만 못 했다.
④ 영어 공부가 하기 싫어서 안 했다.

①번과 ④번에는 별다른 문제가 없다. 내 의지와 통제력을 발휘한 영역이기 때문이다. 살면서 ①번과 ④번 영역을 점점 넓혀나가면 자기 인생의 장악력을 높일 수 있다.
문제는 ②번과 ③번이다. 하고 싶은 것을 못 하며 하고 싶지 않은 것을 억지로 한 것이다. 이 영역이 많아지면 내가 인생을 스스로 통제하며 살고 있다는 감각이 줄어든다. 이런 영역이 내 인생의 대부분을 차지한다고 상상해보자. 누군가가 시키는 일만 하고 사는 노예의 삶이라는 느낌이 들지 않을까?

①번과 ④번이 적극적이고 능동적인 자세라면, ②번과 ③번은 소극적이고 수동적인 자세다.

②번과 ③번 중 더 견디기 힘든 영역은 ②번이다. 적성에 맞지 않고 연봉도 낮은 회사에 억지로 다니는 직장인, 경우 없는 시댁이지만 도리를 해야 한다는 무언의 압력에 따르는 며느리, 따돌림당하는 것이 싫어서 수영반 회원들과 강제 친목을 다지는 수영장 회원 등을 예로 들 수 있다.

③번은 ②번만큼 문제가 되지는 않는다. ③번은 가능성과 욕망의 영역이기 때문이다. 대학을 졸업하고 바로 유학을 못 갔다고 하더라도 사회 경험을 쌓은 뒤에 유학을 갈 수 있다. 미대를 못 갔더라도 취미로 그림을 그릴 수 있다. ③번은 무능력과 포기의 영역이기도 하지만 동시에 노력과 의지의 영역이기도 하다.

당신의 인생에서는 몇 번 영역이 가장 두드러지는가? ①번과 ④번 영역이 ②번과 ③번 영역보다 많다면 좋은 일이다. 자기 인생을 능동적으로 살고 있다는 증거다. 만약 ②번에 해당하는 항목이 다른 항목들보다 훨씬 많다면 하나씩 줄여나가야 한다.

(그런데 ②번은 단순히 하기 싫은 것을 해야 하는 상황을 말하

는 것이 아니다. 원하지 않는 것을 지속하는 상황이나 내 의견이 반영되지 않은 채로 타인의 주장을 그대로 따라야 하는 상황을 말한다. 대학 입시를 위한 공부를 하기 싫은데 억지로 하는 상황은 얼핏 보면 ②번에 해당하는 것처럼 보이지만 좋은 대학, 원하는 학과에 합격하기 위해 내가 선택해서 하는 공부이므로 ②번에 해당하지 않는다.)

②번 영역이 줄어들면 저절로 다른 영역의 넓이가 커지게 된다. 혼자 하는 땅따먹기 제로섬 게임인 셈이다. 어쩔 수 없다는 아주 간편한 말에 더 이상 숨지 말자. 세상 모든 것을 통제할 수는 없겠지만 적어도 나의 통제력을 스스로 포기하지는 않기를 바란다.

가치관이 있어야만
삶에서 자유로워진다

혜진 씨는 스스로를 '걱정 인형'이라고 말한다. 매사에 어떤 일이 생길 때마다 고민하는 것을 넘어 일어나지 않은 일까지도 걱정하는 걱정 부자다. 사소한 일부터 큰일까지 끊임없이 머리를 혹사시키며 고민하고, A부터 Z까지 사전 시뮬레이션을 돌린다. 조금이라도 기억나는 정보는 모두 헤집어서 끄집어내고, 주변 사람들에게 닥칠 영향까지 시나리오에 포함한다. 거기에서 그치면 좋으련만 사람들이 자신을 어떻게 생각할지, 그리고 누군가가 그 일과 관계된 질문을 한다면 어떤 답변을 할지까지도 세심하게 마련해둔다. 꼬리에 꼬리를 무는 생각을 하느라 막상 필요한 일에 쓸 에너지는 없어서 매사에 무기력하고 피곤에 절어 있다.

혜진 씨는 심각할 정도로 우유부단했고, 어떤 일이든 헤쳐 나갈 수 있다는 의지와 자기 능력에 대한 확신이 '제로'인 상태였다. 머릿속이 마치 무정부 상태인 것처럼 원칙과 기준이 없었다. 현재 혜진 씨에게 필요한 처방은 하드웨어뿐만이 아니라 소프트웨어에도 신경을 쓰는 것, 자신만의 헌법 1조를 재정립하는 것이었다. 혜진 씨의 헌법 1조는 이렇게 시작해야 한다.

① 혜진 나라는 민주공화국이다.
② 혜진 나라의 주권은 혜진에게 있고, 모든 권력은 혜진으로부터 나온다.

스스로의 '도덕'과 '법'을 세우지 못할 때 인간은 자기 행동에 대한 확신을 갖기 힘들다. 하지만 내면의 질서가 잡혀 있다면 나름의 가치에 따라 판단하고 그것을 기준으로 관계나 상황을 돌아볼 수 있다.

얼핏 생각하면 이러한 가치관과 원칙이 내 삶을 억압하고 통제할 것처럼 보이지만 그렇지 않다. 인간은 가치관과 원칙이 있어야만 삶에서 자유로울 수 있다. 아이를 키워본 부모는 안다. 아이에게 무엇을 해야 하고 무엇을 하지 말아야 하는가를 정해줬을 때 오히려 아이가 그 테두리 안에서 편안해한다는 것을.

'장난감은 자기 방에서만 가지고 노는 거야' '달달한 군것질은 식사 후에 하는 거야' '저녁 9시가 되면 잠자리에 들어야 해' 등등의 원칙 안에서 아이들은 자유롭게 뛰어놀 수 있다. 오히려 원칙 없이 그때그때 부모의 기분에 따라 혼이 나거나 칭찬을 받을 경우 아이는 어느 장단에 춤을 춰야 할지 몰라서 불안해한다. 부모의 기분이 가치관이자 원칙이 되기에 부모의 눈치를 살피는 삶을 살게 된다.

스스로의 원칙 안에서
마음껏 뛰어놀아라

'걱정 인형' 혜진 씨와 달리 대학원생 근영 씨는 자신만의 가치관과 원칙이 잘 잡혀 있는 사람이다. 소위 말하는 부잣집

딸이었는데, 부모의 도움을 받지 않고 학업을 이어갔다. 주변에서는 왜 고생을 사서 하느냐고 했지만, 부모의 돈은 자신의 돈이 아니라고 생각해 그 말에 흔들리지 않았다. 힘든 박사과정을 밟아나가는 와중에 지도 교수의 갑질을 겪기도 했다. 그러던 어느 날, 지도 교수의 불합리한 요구에 'NO'를 했다는 이유로 연구소에서 쫓겨나고 강단에도 서지 못하게 되었다. 힘든 1년을 보냈지만 이내 교수가 비리로 징계를 당하면서 다시 연구를 이어갈 수 있었고 강의도 맡았다. 만약 근영 씨가 자신의 원칙을 부수고 불법과 부도덕에 협조했다면 자신을 지키지 못했을 것이다. 근영 씨의 가치관과 원칙은 스스로를 보호하는 데 일조했다.

제대로 된 가치관과 원칙은 나만의 스펙이 된다. 물론 이런 스펙이 성공한 인생을 만든다는 보장은 없다. 그러나 적어도 소중한 것을 지킬 수는 있다. 바로 나의 자존감이다. 내가 옳은 일을 하고 있기에 나는 괜찮은 사람이라는 자기 개념과 내 인생을 내가 주도적으로 살아가고 있다는 자기 주도성을 잃지 않았기 때문이다. 가치관과 원칙을 지키는 삶은 느리고 험한 길로 돌아가는 것처럼 보이지만 실은 가장 빠른 길이다. 그리고 당신이 온갖 시뮬레이션을 돌리며 걱정과 후회의 '그때 왜 그랬을까' 순환 열차에 올랐을 때 '그래도 그게 맞는 거야'라며 멈추게 해준다. 자기 비하와 우울의 특급 열차에 제 발로 올라타 신나게 계란도 까먹고 사이다도 마시며 마음의 병을 키우고 있다면, 당신의 나라가 안녕한지 들여다보자. 당신 나라의 주권은 당신에게 있고, 모든 권력은 당신으로부터 나온다.

자아가 잘 형성된
사람의 특징

　민욱 씨는 이혼을 고민하며 마음이 힘들어 정신과를 방문했다. 재력가인 장인은 결혼 당시 딸에게 아파트를 사주었고 결혼 후에도 다달이 용돈을 줬다. 아내는 민욱 씨가 벌어 오는 평범한 회사원 월급에 만족하지 못했고 부모의 돈을 받아 쓰는 것을 당연하게 생각했다. 자기 손으로 돈을 벌어본 적이 없는지라 직장 생활을 이해하지 못했고 남편이 야근을 하거나 주말 출근을 하면 신경질을 내는 일이 다반사였다. 연애할 때는 아내가 당당하고 자신만만한 사람이라고 생각했는데, 결혼하고 보니 자신만 아는 이기적인 성격이었고 화가 나면 소리를 지르면서 물건을 던지기까지 했다. 아내는 중요한 집안일에 대해 남편을 빼놓고 친정과 의논했고, 별다른 일이 없이 아이를 데리고 멀리 떨어진 친정에 가서 한 달 가까이 살다가 오는 일도 흔했다. 장인은 까짓것 이혼하면 자신이 다 책임질 테니 하고 싶은 대로 하라며 오히려 부부싸움에 기름을 부은 상황이다. 민욱 씨는 아내와의 이혼을 심각하게 고려하고 있다.

문화적 특징 때문인지 한국 사회에는 마마보이, 마마걸이 유달리 많다. 결혼을 해서도 본인들만의 독립국가를 세우지 못하며 부모와 연합국가 체제를 유지하거나 식민지 상태를 유지한다. 마마보이 마마걸과 결혼한 배우자가 독립적인 사람이라면 상대방의 부모와 갈등을 빚는 건 당연한 수순이다.

진짜 자아와
가짜 자아

미국의 정신과 의사 머레이 보웬Murray Bowen은 자아 분화 differentiation of self라는 개념으로 인간의 정신적인 독립을 설명한다. 보웬에 따르면 인간의 자아에는 진짜 자아solid self와 가짜 자아pseudo self가 있다. 진짜 자아는 자신에 대한 신뢰나 확신으로, 변화되지 않는 특성이 있으며, 가짜 자아는 다른 사람이나 환경에 의해 변화된다. 자아 분화가 잘된 사람은 어린 시절에 주변 사람과의 상호작용을 통해 진짜 자아가 잘 형성되어 타인의 말이나 행동, 감정에 그리 영향을 받지 않는다. 반대로 자아 분화가 안 된 사람은 가짜 자아가 대부분이라 주변 사람들의 감정이나 반응에 지나치게 민감하다. 의미 있는 대인관계를 유지하는 것이 어렵고 긴장이나 스트레스 상황에 잘 대응하지 못한다. 그럼에도 지나치게 관계 지향적인 삶을 살기에 자기 에너지의 대부분을 타인의 애정을 갈구하는 데 사용한다.

가장 낮은 수준의 자아 분화를 보이는 사람은 (정신과 영역에서 보자면) 경계성 인격장애 환자들이다. 자신과 타인의 경계를 지키지 못해 본인의 부정적인 감정을 여과하지 못하고 그대로 타인에게 토해낸다. 자신의 부정적 감정이 그대로 태도가 되는 사람들이다. 높은 수준의 자아 분화를 보이는 대표적인 사람은 할리우드 영화에 나오는 영웅이나 자신의 신념과 가치에 따라 인생을 산 독립 운동가와 위인이다. 자신의 인생을 열심히 살고, 타인과 성숙한 관계를 유지하며 자기의 직업적 영역이나 자신의 분야에서 최선을 다해 인생의 의미를 추구하는 평범한 사람도 여기에 속한다.

관계 지향적 삶에서
벗어나라

자아가 잘 형성되면 의미 없는 인간관계에 대한 관심이 사라진다. 욕을 먹더라도 나의 신념에 부합하는 행동 때문이라면 개의치 않으며 독립적이고 자기 주도적인 의사 결정을 한다. 자기 확신이 뚜렷하며 자신이 추구하는 신념과 가치에 따라 살려고 노력한다. 그러나 자아 분화가 안 된 사람들은 정신적 독립이 되지 않았기에 자신만의 콘텐츠가 없다. 나의 시각, 나의 가치관, 나의 판단이 없기에 타인의 시각, 타인의 가치관, 타인의 판단을 그대로 가져다 쓴다. 남의 것을 내 것이라 착각하며 인생을 살아가는 것이다. 인생이 공허한데 무엇 때문인지 이유를 알지 못한다. 내가 어떤 사람인지 스스로에게 설명하지 못한다. 내 인생을 타인에게 맡겨놓으니 항상 삶이 불안하고 타인의 눈치를 봐야 한다.

인간은 남이 침범할 수 없는 나만의 세계가 있어야 행복하다. 스스로 나의 세계를 구축하고 하루하루를 나만의 콘텐츠로 채워 넣어야 삶이 성숙하고 풍요로워진다. 〈나는 자연인이다〉라는 프로그램을 즐겨 보면서 궁금증이 생겼었다. 도시의 삶을 뒤로하고 전기도 수도도 없는 깊은 산속에서 불편하게 살아가는 삶의 원동력은 무엇일까. 처음에는 자신의 역할과 책임에서 벗어난 홀가분함 때문이라고 생각했으나 그건 하수의 생각임을 곧 알았다. '자연인'들은 자연에서 자신만의 세상을 만들어나가며 행복을 찾았다. 누구의 눈치도 볼 필요가 없는 한 나라, 한 성의 주인이었던 것이다. 진짜 자기를 찾는 것이야말로 인생에서 진정으로 의미 있는 일이다. 관계 지향적인 삶에서 벗어나 독립적이고 자율적인 주체로 살아갈 수 있기를 바란다.

남의 인생만 들여다보면
자신을 잃는다

'꿈꾸면 이루어진다' '내가 하는 상상은 현실이 된다'며 자기의 성공담을 풀어놓은 책들이 차고 넘친다. 자기 암시를 통해 원하는 모습을 상상해야 한다고 말하는 베스트셀러 『시크릿』 유의 자기계발서들이다. 그러나 '시크릿의 법칙'은 밝은 미래만을 꿈꾸며 현실을 부정하고 회피한다. 무조건 다 잘되고 성공할 거라는 왜곡된 긍정으로 흐르기 쉽다. 내 입맛에 맞는 증거만 확대 해석하며 반대 증거는 축소해버리는 우를 범할 수 있다.

사실, 정말 성공한 사람들은 본인의 성공 비결을 꽤 구체적으로 풀어낸다. 매일같이 어떤 노력을 해왔으며 역경은 어떻게 극복했는지 구체적인 스토리가 있다. 끊임없이 준비해왔기에 기회를 놓치지 않았음을 겸손하게 이야기한다. 그런데 어떤 사람들은 그들의 성공 비결을 듣고 노력하기보다는 더 쉬운 길을 택한다. 자기 암시의 세상에 사는 것이다.

노력은 하지 않고
다짐만 하는 사람들

나는 유명한 슬로건인 나이키의 'just do it'과 아디다스의 'impossible is nothing'을 좋아한다. 이 문장들은 구체적인 행위를 하라고 요구하기 때문이다. 그러나 슬로건을 실천으로 옮기기 전에 명심할 점은, 내가 그 행위를 해낼 수 있는 능력이 있는지 객관적으로 자기 자신을 살피는 과정이 선행되어야 한다는 것이다. 이상적 자신ideal self과 현실적 자신real self, 가능한 자신possible self을 냉철하게 살펴봐야 한다. 이상적 자신을 너무 높게 그리면 일차적으로 현실적 자신과의 간극이 크게 벌어지는 오류가 생긴다. 이 오류는 그 간극을 노력으로 메우려 하지 않고 의지나 다짐으로 메우려는 이차적 오류로 이어진다. 뼈를 깎는 노력보다는 꿈만 꾸면 되는 의지나 다짐이 백배 천배 쉽기 때문이다.

  지방 국립대를 졸업한 우식 씨는 9급 공무원 시험을 준비 중이다. 공무원만을 고집하는 아버지 등쌀에 공무원 시험 준비만 6년째라고 한다. 내년에는 가능성이 좀 있을 것 같냐고 물으니 잘 모르겠단다. 공무원이라는 직업이 적성에 잘 맞는 것 같냐고 물으니 역시 잘 모르겠단다. 얼마 전 군무원 시험에 합격한 동준 씨와는 영 다르다. 동준 씨는 군무원 시험 준비를 시작한 지 2년 만에 합격했다. 동준 씨는 1년간 준비하고 처음 시험을 봤을 때 3점이 모자라 합격하지 못했다. 다음 해에는 더욱 공부에 매진했고, 육해공군 중 그나마 가장 사람을 많이 뽑는 육군으로 지원 분야를 바꾸었다. 육군은 강원도 산간에 발령받을 수도 있지만 그건 감수해야 할 부분이라며 해맑게 웃더니 곧 합격 소식을 전해주었다.

  동준 씨는 자기 능력의 범위를 잘 파악한 사람이다. 자신의 능력을 잘 알고 현실적인 꿈을 이루기 위해 고군분투하는 삶은 아름답다. 자신의 장단점을 잘 알기에 해당 분야에 안착해 생계를 유지할 수 있으며 잘 풀리면 그 분야의 일인자가 되기도 한다. 내성적인 사람이라면 컴퓨터 모니터를 들여다보는 개발자의 삶을 꿈꾸는 것이 자신을 위해 좋고, 외향적인 사람이라면 서비스업이나 영업직을 염두에 두는 것이 좋을 것이다. 아이디어가 번뜩이는 기획의 귀재라면 콘텐츠 관련 업종에 몸을 담아야 성공이 빠를 것이다. 나의 능력과 현실이 조화를 이룰 때, 우리는 괜찮은 삶을 살게 된다.

내 능력 범위를 파악하면
많은 것이 수월해진다

　의사들은 수련 기간 동안 의사로서의 역량을 키우는 것뿐만 아니라 자신의 능력 범위를 파악하는 법을 배운다. 내 능력 범위 밖의 환자일 경우 상급 병원으로 전원할 것을, 자신의 전문 분야를 벗어나는 영역의 경우에는 다른 과의 전문의에게 협진을 요청할 것을 교육받는다. 수술 동의서를 받을 때는 수술 중이나 수술 후에 있을 수 있는 합병증을 고지하면서 현대의학의 한계를 환자에게 명확히 알려준다. 그래서 의사가 무책임하게 자신의 의지만으로 "할 수 있다"라고 말하는 것은 금기다. 철저히 검증된 의학적 지식의 범위 안에서 환자를 살펴야 한다.

우리는 우리 자신에 대해 전문가가 되어야 한다. 그러나 기나긴 의무교육 과정 중에 자기 자신에 대해 배우는 과목은 없다. 그래서 우리는 내가 누구인지, 무엇을 좋아하고 무엇을 싫어하며 무엇을 잘하고 무엇을 못하는지 잘 모른다. 자신에게 적합한 삶이 무엇이고 어울리지 않는 삶이 무엇인지도 모른다. 이 세상에 태어나 한 명의 인간으로서 무엇을 위해 살아야 하는지 고민해본 적도 없다. 단지 자기계발서에 나온 남의 얘기를 들으며 나도 따라 하리라 결심할 뿐이다. 성공한 자들의 '노력'은 애써 무시하고 '결과'라는 달콤한 열매만 부러워한다.

달리기에 소질이 있는 사람은 우사인 볼트의 100미터 신기록인 9.58초를 목표로 해야 하고, 축구에 소질이 있는 사람은 메시와 네이마르를 롤모델로 삼으면서 그들을 뛰어넘는 것을 목표로 해야 할 것이다. 하지만 달리기에 소질이 없는데 우사인 볼트를 뛰어넘으려 한다면? 축구에 소질이 없는데 메시처럼 되고자 한다면? 말도 안 되는 일이지만 많은 사람이 이러한 삶을 산다. 자신의 적성이나 능력을 고려하지 않은 채 돈을 많이 벌고 싶다고, 명예를 얻고 싶다고 무작정 뛰어들어 자신에게 어울리지 않는 인생을 살아가고 있다. 나의 인생을 되돌아보고 뭐가 문제인지 객관적인 판단을 해야 하는데, 그저 남의 인생만을 들여다보는 촌극을 펼치는 것이다.

내가 뛰려는 트랙이 정말 내가 뛰어야 할 트랙이 맞는가? 내가 노력하면 그 트랙에서 어느 정도의 성취가 가능한가? 나는 내 장점과 단점을 객관적으로 파악하고 있는가? 그 트랙을 뛰는 것이 나에게 어떤 의미가 있는가? 내가 할 수 있는 최대한의 역량을 발휘하기 위해 과연 나는 최선을 다하고 있는가? 냉철하게 따지고 분석하자. 자신의 분석과 판단에 확신이 든다면 그때부터는 너무 많이 생각하지 말고 실전에 뛰어들자. 그리고 우리는 '시크릿의 법칙'을 믿고 싶어지는 순간을 경계해야 한다. 꿈과 상상만으로 이루어지는 결과는 어디에도 없음을 아는 사람만이 인생에서 진짜 변화를 만들어낸다.

3장

인생이 쉬워지는
멘탈의 기술

나쁜 심리 습관의 악순환에 갇힌

당신에게

유리멘탈에게 해주는
정신과 의사의 현실적 조언

'유리멘탈'과 '강철멘탈'의 차이는 뭘까. 평상시에는 강철멘탈인 사람과 유리멘탈인 사람이 크게 다르지 않아 보인다. 스스로가 유리멘탈인 것은 자신만 알 뿐이며 남들에게 티 내지 않으려고 노력하기 때문이다. 차이는 살면서 힘든 일이 생길 때 나타난다. 강철멘탈이 고난을 극복하면서 앞으로 나아간다면 유리멘탈은 쿠크다스 과자처럼 부서져 부스러기가 된다.

정신과 전문의로서 사람들을 지켜본 결과, 나는 이 둘의 차이가 단순히 멘탈의 차이만은 아니라고 생각하게 되었다. 멘탈이 좋은 사람은 그들만의 '믿는 구석'이 있다. 믿을 만한 것들이 있기 때문에 그렇게 자신만만하고 강하게 살아갈 수 있는 것이다. 그들이 믿는 구석은 마치 자동차 보험 같다. 비유를 해보자면 강철멘탈의 소유자는 사고가 났을 경우 고가의 외제차 수리비까지도 너끈히 보장되는 좋은 보험을 가지고 있다. 반대로 유리멘탈의 소유자는 보험이 아예 없거나 있어도 보장 범위가 작다. 운전 중에 실수로 비싼 외제차를 박았다고 해보자. 강철멘탈은 믿는 구석이 있기에 피해자에게 깔끔하게 사과하고 보험 처리를 하면 상황 종료다. 그러나 유리멘탈은 이런 사고가 나면 정신이 하나도 없다. 사고 처리, 피해자 합의 등 사고 뒷수습을 혼자서 처음부터 끝까지 다 해야 한다. 그 과정에서 딸려오는 이런저런 걱정에 마음이 힘들어 죽을 지경이다. 이처럼 강철멘탈과 유리멘탈의 믿는 구석은 하늘과 땅만큼 다르다. 그렇다면 그 '믿는 구석'이란 구체적으로 무엇일까?

첫 번째는 경제력이다.

경제력은 삶을 뒷받침하는 가장 기본적인 요소다. 우울증으로 치료받는 50대 상은 씨는 상습적으로 바람을 피우는 이기적인 남편과 몰상식한 시댁 때문에 힘든 결혼 생활을 해왔다. 경제활동을 할 자신도, 의지도 없어서 평생 남편 눈치를 보고 심기를 살피며 산 상은 씨는, 이혼을 하고 싶어도 이 나이에 할 수 있는 일이 없다며 자신의 신세를 한탄한다.

나는 경제력이 부족한 청춘들에게 지금 당신의 삶 그대로 괜찮다고 말하는 책이나 강연을 좋아하지 않는다. 당장은 위로가 될지 모르겠으나 삶의 성장에 진정 도움이 된다고는 생각하지 않기 때문이다. 적극적으로 믿는 구석을 만들어야 할 때인데 오히려 삶의 퇴보를 부추기는 느낌이다. 요즘 청년들은 본인의 경제력을 갖추려는 노력을 게을리하지 않는 경우가 대부분이어서 다행이기는 하나, 혹시 아니라면 열심히 일하고 벌어서 스스로를 지키자. 경제력이 믿는 구석의 첫걸음이다.

두 번째는 실력이다.

실력이 있으면 자신의 인생을 좀 더 주도적으로 살 수 있다. 김연아 선수가 연습을 워낙 많이 해서 척추가 살짝 휘었다는 인터뷰 기사를 본 적이 있다. 김연아 선수가 의연하게 경기에 임할 수 있는 것은 엄청난 노력으로 실력을 준비해놓았기 때문인 것이다. 회사에서도 남들보다 실력이 월등한 사람은 남들 눈치를 보지 않고 일한다. 스스로가 조직에 얼마나 공헌하고 있는지 잘 알고 있으며, 다니는 회사를 그만두더라도 얼마든지 스카우트될 수 있다는 자신감이 있기 때문이다. 그 경우 회사에서 열심히 일하는 것은 회사가 아니라 나의 몸값을 위한 것이 된다. 경제력이 믿는 구석의 커트라인이라면 실력은 믿는 구석의 가산점이다.

세 번째는 삶의 의미와 목적이다.

자신이 무엇을 위해서 사는지 아는 사람은 외부 상황에 흔들리지 않는다. 이국종 교수는 척박한 의료 현실에도 굴하지 않고 본인의 신념을 위해 평생을 바치고 계신 분이다. 병원 수익에 도움이 안 된다고 푸대접을 받으면서도 끊임없이 고군분투하며 사람들의 목숨을 살리고, 한국 응급 의료 시스템의 문제점과 닥터 헬기의 필요성을 지속적으로 사람들에게 알리고 있다. 수단에서 의사로 봉사하신 이태석 신부님도 자기 삶의 의미와 목적을 알고 사셨던 분이다.

이처럼 삶의 의미와 목적은 또 하나의 믿는 구석이 된다. 반대로 삶의 의미와 목적이 없다면 어떨까? 공허하다. 그래서 당장의 쾌락을 찾아 성에 탐닉하거나 게임이나 술에 과하게 의존하고 마약에 손을 대기도 한다. 쾌락은 공허함과 목마름에 대한 근본적인 해결책이 아니다. 쾌락으로 삶의 의미와 목적을 대체할 수는 없다.

네 번째는 내가 미치도록 좋아하는 무언가다.

좋아하는 것은 삶의 윤활유가 되어 나를 행복하게 해주며 인생의 목표가 되기도 한다. 20대 우성 씨는 웹툰 작가가 꿈이다. 열심히 공모전에 응모해 마침내 당선되었으며, SNS에 일러스트를 열심히 올려 스스로 홍보를 하고 있다. 최근에는 웹툰 플랫폼과 계약해 웹툰 작가로의 본격적인 행보를 준비 중이다.

우성 씨의 꿈은 웹툰 작가로 대성하는 것이 아니다. 그저 월에 200만 원 정도만 벌어서 조금씩 저축하며 자기 한 몸 건사할 돈만 벌었으면 좋겠단다. 어린 시절부터 만화책을 즐겨 보았고 그림 그리는 것을 좋아해서 미대에 가고자 했으나 부모님의 반대로 원하는 길을 걷지 못했다. 그러나 지금은 본인의 꿈을 향해 달려가고 있다. 내가 무엇을 좋아하고 무엇에 소질이 있으며, 이를 세상과 연결해 실현하는 방법이 무엇인지를 고민해 구체적으로 실행하는 것은 또 하나의 믿는 구석이 된다.

다섯 번째는 의미 있는 타인이다.

의미 있는 타인이란 내가 어렵고 힘들 때 나를 안아주고 다독여주는 사람, 내가 행복할 때 진정으로 박수를 보내주는 사람, 나의 조건과 능력이 아닌 내 존재 자체를 있는 그대로 봐주는 사람이다. 부모의 인격이 훌륭하다면, 태어나면서부터 이 믿는 구석을 가진 격이다. 부모에게 아낌없이 사랑받는 존재라는 믿음이 있는 사람들은 삶의 역경에 쉽게 굴하지 않는다. 힘들 때 부모의 품에서 위로와 격려를 받고 다시 세상에 나아갈 힘을 얻기 때문이다. 부모와의 관계에서 처음으로 시작된 인간관계는 세상을 살면서 맺는 인간관계 틀의 골조가 된다.

하지만 자신의 부모가 의미 있는 타인이 아니라고 실망하지는 말자. 우리는 인생 시즌 1에서 만나는 부모 외에도 시즌 2와 시즌 3를 거치면서 친구나 스승, 배우자라는 또 다른 의미 있는 관계를 만날 수 있다. 그런 사람을 만나면 꽉 붙들고 인생을 같이 살아보자. 나의 든든한 믿는 구석이 되어줄 것이다.

앞서 말한 다섯 가지 믿는 구석은 구체적 실행을 통해 만들어낼 수 있다. 유리멘탈을 극복하라는 책이나 유튜브 영상을 보면 주변 사람들 시선에 개의치 말라는 내용이 대부분이다. 그러나 서른 살이 넘도록 취직을 못하고 부모에게 얹혀살면서 용돈을 받아 쓰면 부모의 눈치를 안 볼 수 없다. 내가 직장에서 없어도 되는 존재라면 내 목소리를 낼 수 있을 리가 없다.

살아야 하는 이유가 없다면 그냥 죽지 못해 버티고 사는 삶일 뿐이다. 딱히 좋아하는 것이 없는 사람은 적극적으로 즐거움을 찾아내는 방법을 모르기에 무미건조한 삶을 살 뿐이다. 나의 기쁨과 슬픔을 같이 나누는 의미 있는 타인이 없다면 역시 삶이 행복하지 않다. 현실에서 구르고 뛰면서 믿는 구석을 만들자.

타인의 호의를 바라지 않는
사람의 힘

어린 시절에 나는 미운 오리 새끼 같은 존재였다. 열성경련을 자주 앓아서 뇌에 이상이 있을까 걱정이 된 엄마는 나를 서울의 큰 병원에 데리고 다니면서 검사를 했다. 그래서 엄마의 친구들은 나를 '맨날 경기하는 둘째'라고 불렀다. 어렸을 때는 또래들보다 혀가 짧아서 발음도 어눌하고 말도 느렸다. 초등학교 저학년 때까지 가족 외에 그 누구에게도 말을 걸지 않고 엄마 치맛자락을 꽉 잡고 다녔던 나는 선택적 함구증selective mutism 진단에 맞는 아이였다.

초등학교 때는 화장실이 어디에 있는지 물어볼 엄두가 나지 않아 의자에 오줌을 싸고는 책상에 엎드려 울었던 적도 있다. 청소년기를 거쳐 의과대학을 다닐 때까지도 나는 존재감이 없었다. 말도 없었고 소수의 친한 친구하고만 말을 섞었으며 특별히 잘하는 것도 없었다. 성인이 돼서도 내성적인 성격과 불안도가 높은 성격은 여전했다. 패션 센스도 없었고 도수가 높아 두꺼운 안경을 쓴 촌스러운 모습이 대학을 다닐 때의 나의 모습이다. 이렇게 객관적으로 매력이 떨어졌으니 사람들의 '호의'는 내 차지가 아니었다. 내가 누군가에게 호의를 보였으면 보였지 나에게 호의를 보이는 사람은 없었다. 그런데 신기하게도 나는 타인의 호의를 바랐던 적이 거의 없다.

호의는 남에게 보내는 관심과 애정, 인정과 존경 등을 뜻한다. 부정적인 뉘앙스로 쓰이곤 하는 '관심종자'라는 말은 타인의 호의를 갈구하는 사람을 말한다. SNS에서 온갖 개인적인 은밀한 사생활을 드러내면서 관심을 원하는 사람들을 보면 의문이 생긴다. 사람은 왜 타인의 관심에 목말라하는 것일까?

사실 답은 간단하다. 인간은 태어날 때부터 관심종자다. 자신을 키워줄 보호자의 관심을 차지하고 애정을 끌어내야만 생존할 수 있기 때문이다. 태어나 성인이 될 때까지 부모가 자식에게 보이는 무조건적인 관심과 애정은 선천적 관심종자인 우리의 목마름을 해소해준다. 부모가 보내주는 절대적인 애정과 신뢰의 메시지는 내 삶을 든든하게 지탱해주는 뿌리가 된다.

　내가 남들의 호의를 갈구하지 않는 사람으로 자란 것도 자식에게 항상 최선을 다하면서도 통제하지는 않았던 성실하고 선한 부모님 덕분이었다. 부모는 당연히 자식에게 아낌없이 퍼주는 나무 같은 존재고, 나는 그 사랑을 받을 만한 존재라는 메시지를 받으며 살아왔기에 타인의 호의를 받지 못해 아쉬워했던 적이 없었던 것이다. 말도 어눌하고 느렸던 둘째 딸이 교실에서 오줌을 싸고 돌아온 날 우리 엄마는 얼마나 애를 끓였을까. 그럼에도 엄마는 그런 걱정을 전혀 티 내지 않았고 그저 내가 얼마나 귀한 존재인지만을 끊임없이 알려주었다. 나는 부모님 덕분에 내 존재의 타당성에 한 치의 의구심도 없이 자랄 수 있었다.

작은 호의에 큰 의미를
부여하는 사람들

늘 관심과 애정이 필요한 사람은 누군가 베풀어준 작은 호의에 큰 의미를 부여한다. 어릴 적 애정과 보살핌을 제대로 못 받고 큰 수란 씨는 감기 몸살을 앓았을 때 감기약과 전복죽을 사준 남자친구를 좋은 사람이라고 판단하고 결혼을 결심했다. 가정을 돌보지 않고 술만 마시며 때때로 바람을 피우고 가족들을 폭행하는 아버지를 보고 자라서, 술 안 먹고 성실하게 직장에 다니면 배우자로 괜찮은 남편감이라고 생각한 것이다. 즉, '뭔가를 잘해서' 좋은 사람을 찾지 못하고 '뭔가를 하지 않아서' 좋은 사람을 찾는다. 자아실현을 열심히 하고, 자기 관리를 하는 사람, 주위 사람들의 장점을 찾아내고 격려해주는 사람, 주위에 선한 영향력을 끼치는 사람이 좋은 사람이라고 생각하지 못한다. 살면서 좋은 예가 되어주는 사람들을 본 적이 없기 때문이다.

수란 씨에게는 인간의 기준이 되는 표상representation이 없다. 술을 매일 마시지 않고 가족들을 때리지 않으며 성실하게 돈을 버는 것은 단지 사람을 평가하는 커트라인일 뿐이고 좋은 성품과 바른 가치관, 이타심과 배려심 등이 가산점으로 작용한다는 사실은 잘 모른다. 표상이 없는 사람은 사람을 볼 때 커트라인만 보고, 제대로 된 표상이 있는 사람은 사람을 볼 때 가산점을 본다. 커트라인에 못 미치는 사람은 아예 바운더리에서 제외하기 때문이다.

수능이 끝나고 매체에서 이번 년도 수리영역의 난도가 어땠는지 아무리 떠들어대도 무슨 말인지 하나도 이해할 수 없는 수포자처럼, 수란 씨는 남편을 객관적으로 보는 선구안이 부족했다. 남편은 술을 마시고 않고 돈을 벌어다주며 바람을 피우지 않지만 그게 그 사람이 지닌 장점의 전부다. 가족들을 때리지 않을 뿐이지 수시로 막말과 욕설을 하는 남편은 수란 씨의 아버지를 꼭 닮아 있다. 수란 씨의 결혼 생활은 행복하지 않다.

사람은 목적을 위해
호의를 가장할 수 있다

사람을 평가하는 안목이 낮은 경우에는 누군가를 친구로

연인으로 지인으로 선택할 때의 기준이 '나에게 얼마나 잘해주느냐'이다. 즉, 상대방이 나에게 베풀어준 호의가 기준이 된다. 그러나 인간은 어떤 목적이 있으면 얼마든지 호의를 꾸며낼 수 있다. 연애 초기에 이성의 호감을 끌어내기 위해서라면 얼마든지 잘해줄 수 있다. 잡은 물고기에 밥을 안 준다는 흔한 세간의 말이 그래서 존재한다. 또 회사에서 승진하기 위해서라면 얼마든지 상사에게 아부할 수 있다. 높은 자리에 올라가면 상사에게 잘 보이려고 노력하는 부하 직원의 목적 있는 호의를 경계해야 한다. 입의 혀처럼 굴면서 비위를 맞추는 부하 직원을 유능하고 성격 좋은 직원이라고 착각할 수 있기 때문이다.

호의로 사람을 판단하는 사람의 또 다른 특징은 자신이 속한 집단을 맹신하게 된다는 것이다. 향우회, 동창회, 취미 모임, 종교 모임, 연예인 팬클럽, 조리원 동기 모임 등등 비슷한 사람끼리 모인 집단의 구성원들이 보여주는 동질감의 호의를 높이 평가하는 것이다. 그러나 집단과 자신을 과하게 동일시하면서 자신의 정체성을 찾으려 드는 사람들은 근본적으로 자신에 대한 긍정적 정체성이 부족한 경우가 많다. 내가 곧 그 집단이므로, 집단이 훌륭하면 따라서 나 또한 훌륭하다고 생각한다. 또한 이들은 집단 밖의 사람들을 불신하고 배척하기도 한다. 동질성을 가졌다는 이유로 집단 안의 사람들이 보여주는 호의에 취해 타 집단이나 타인을 배척하면서 적대성을 드러낸다. 자신도 모르게 집단이 만들어낸 주관적 허상의 세계에서 비합리적이고 협소한 우물 안 개구리로 살게 되는 것이다.

호의로 사람을 평가해서는 안 된다. 사람은 목적을 위해 호의를 가장할 수 있음을 명심하자. 내가 속한 집단이 어떤 목적을 추구하는지 살펴보자. 그리고 그 목적이 나의 목적과 부합하는지 들여다보자. 나의 필요에 의해 집단을 수단으로 취하는 것이지 집단의 목적을 위해 나를 수단화하지 말자. 인간관계의 제대로 된 표상을 고민해보고 안목을 기르자. 그래야만 의미 있는 타인과 좋은 인간관계를 맺을 수 있다.

외롭고 힘든 취업 준비생 시절에 만난 남자가 베푼 사소한 호의에 혹해서 연애를 시작했다고 말하던 지현 씨가 생각난다. 지현 씨는 그 남자와 1년 넘게 사귀었으나 이 사람은 아니다 싶어서 결별하는 과정에서 문제가 생겼다. 그 남자는 헤어지면 가만 안 두겠다는 협박을 일삼고 지현 씨의 일거수일투족을 감시하면서 스토커로 변했다. "배가 고프다고 아무거나 주워 먹었더니 이런 대가를 치르네요"라던 지현 씨의 말이 귓가에 맴돈다. 누군가가 보낸 호의를 인식하면 그걸로 충분하다. 그 사람이 보이는 호의는 호의일 뿐, 그 사람이 좋은 사람이라는 뜻이 아님을 기억하자.

서운한 감정을
자주 느끼는 사람들에게

서운한 감정을 유독 많이 느끼는 사람들이 있다. 남자친구와 헤어지고 힘들어서 술 한잔 하자는 나의 요청에 회사 일이 바빠서 안 된다는 절친의 답변이 서운하다. 친구의 생일에 친구가 갖고 싶어 하는 한정판 굿즈를 겨우 예약해서 선물했는데 내 생일을 까먹고 챙겨주지 않아서 섭섭하다. 주말을 반납해가며 일했는데 보고서의 작은 실수를 지적하는 팀장님이 서운하고 원망스럽다. 서운하고 섭섭한 감정은 상대방에게 어떤 기대가 있을 때 생긴다. 그 감정은 내가 가진 어떤 명제와 짝을 이루고 있는데, 상대방이 그 명제를 깨뜨리면 자동적으로 튀어나온다.

예를 들어 내게 사이좋은 부부는 서로의 생일에 정성을 다해 준비한 선물을 주고받아야 한다는 명제가 있다고 가정해보자. 만일 남편이 회사 일에 정신없이 바빠 내 생일 선물을 못챙겼다면, 이 명제는 깨진다. 단지 선물을 안 챙겨준 것을 넘어서서 우리는 사이좋은 부부가 아니며 더 나아가 남편의 사랑이 식었을 거라고 확대 해석하게 되는 것이다.

자기도 모르게 마음속에 품고 있는 이런 명제는 상당히 많다. '학교는 무조건 제 나이에 들어가서 제 나이에 졸업을 해야 한다' '적어도 서른 살까지는 돈을 얼마 이상 모아야 한다' 등등. 이런 명제들은 나 혼자 지키는 명제고 남에게 강요하지 않는다면 별다른 문제는 없다. 문제는 타인과의 관계에서 이런 명제를 만드는 경우다. 예를 들어 '대학 동기끼리는 무조건 서로 친해야 한다' '연인끼리 100일, 200일, 300일은 반드시 기억하고 서로 챙겨줘야 한다' '직장 동료끼리 사적으로 친해야 일할 때 편하다' 등등의 생각 말이다. 이 명제들이 '기대'의 영역일 때는 그래도 괜찮다. 그러나 '당위'의 영역일 때는 서운함을 넘어 분노를 느끼기도 한다.

우리는 때로 자신의 명제를 상대방에게 투사하고 상대도

이를 지킬 것이라 기대한다. 그에게도 나와 같은 명제가 있으리라고 착각하는 것이다. 하늘이 두 쪽 나도 이혼은 하지 말아야 한다는 남편과 이혼도 또 하나의 선택이라는 아내가 부부가 되면 심각한 갈등이 생겼을 때 지속적으로 이혼을 요구하는 아내와 이혼은 절대 안 된다는 남편 사이에 감정의 골이 더욱더 깊어진다.

나만의 명제를 고집하면서 상대방의 명제를 들여다보지 않으면 문제가 생긴다. 나의 명제가 절대선이라고 착각하는 것이다. 누군가와 갈등이 생겼을 때 가장 먼저 해야 할 것은 상대의 명제를 살펴보는 것이다. 상대의 명제와 나의 명제가 어디에서 어긋나는지, 타협의 여지가 있는지, 있다면 어느 선까지 타협이 가능한지 살펴봐야 한다.

내 삶을 열심히
살아가는 것이 정답이다

개인 간의 명제도 각각 다르지만 사회마다, 시대마다 통용되는 명제도 다르다. 개인이 중심이 되는 서구 사회의 명제와 조직과 가족이 우선시되는 한국 사회의 명제는 다르다. 대학을 졸업하면 부모로부터 독립하는 것이 당연한 서구 문화와 부모 자식 간에 유대감이 끈끈하게 유지되는 한국 사회는 다르다. 부부 간의 가치관 또한 문화마다 다르다. 동성 결혼이 합법화되고 자유로운 동거가 일반적인 서구와 달리 우리나라는 이성 결혼만이 합법이다. 안락사 같은 문제에 대해서도 그렇다. 적극적 안락사를 법으로 보장하고 있는 나라도 있고 회생할 가능성이 없는 말기 암 환자나 임종을 앞둔 환자의 연명 치료를 더 이상 유지하지 않는 소극적 안락사만 법으로 인정하는 나라도 있다. 그러나 시간이 지날수록 한국 사회에서도 적극적 안락사를 허용해야 한다는 목소리가 높아지고 있다. 이처럼 우리는 개개인의 다양한 명제와 함께 사회적·문화적·시대적 가치관이 혼재되고 변화되는 세상에 살고 있다.

사회적 가치관과 개인의 명제는 서로 영향을 주고받는다. 그렇기 때문에 그 어떤 명제도 절대적이지 않다. 나 혼자 지켜야 하는 명제가 아닌 타인을 향한 명제라면 더욱 그렇다. 그러니 타인에게 자신이 세운 명제를 강요하지 말자. 나의 명제는 내가 책임지면 된다. 그래야 서운한 감정에서 자유로워질 수 있다.

불안하면 밖에 나가
뛰어라

내가 환자에게 가장 많이 권하는 행동은 운동이다. 불면증 환자에게는 카페인 끊고 운동하라고, 공황장애 환자에게는 스트레스 관리하고 운동하라고, 우울증 환자에게는 지금은 움직이는 것도 어렵겠지만 조금이라도 힘이 생기면 운동하라고, 치매 환자의 보호자에게는 하루에 30분씩 함께 밖에 나가 가볍게 산책하라고 끊임없이 잔소리를 한다.

나도 운동을 꾸준히 한다. 코로나가 있기 전에는 매일 새벽 수영을 다녔고 코로나가 조금 잠잠해지고서는 동네의 야트막한 산에 있는 절까지 매일 걸어간다. 주말에는 가족들과 함께 이 산 저 산을 다니며 등산을 한다.

스트레스를 받을 때 운동을 하는 이유는 나의 주의를 다른 곳으로 돌리기 위해서다. 머리가 아픈 일이 있을 때 수영장에 가서 왕복 50미터 레일을 돌다 보면 아무 생각이 없어진다. 수영을 마치고 샤워까지 하고 나오면 나를 괴롭히는 힘든 생각도 같이 씻겨나가 별거 아닌 일로 가볍게 느껴진다. 등산할 때도 마찬가지다. 일단 몸이 힘드니 아무 생각이 없어진다. 에베레스트산에 오르는 산악인의 마음으로 한 발짝 한 발짝 정상을 향해 나아갈 뿐이다. 모든 에너지가 육체를 돌리는 데 소진되니 머릿속의 복잡한 생각도 사라지게 된다. 정상에 올라 성취감이 차오르면 부정적인 생각은 설 자리를 잃는다. 산에서 내려와 시원한 맥주를 마시면 사는 게 뭐 별거 있나 싶다. 복잡하고 부정적인 생각이 사라지고 머릿속이 단순해진다.

　감정이 격해진다 싶을 때는 게임을 하거나 술을 마시거나 노래방을 가거나 영화를 보거나 음악을 듣는다. 이 또한 주의를 완전히 다른 곳으로 돌려버리는 방법이다. 병원 일이 뜻대로 안 되거나 누군가와 갈등에 부딪혔을 때 이 방법을 쓴다. 물론 가장 좋은 방법은 차분히 문제를 들여다보고 상대방과 대화를 해서 근본적인 원인을 해결하는 것이다. 즉, 주의를 돌리는 것은 근본적인 해결책이라기보다는 급한 불을 끄는 방법이다. 급한 불이 꺼지면 이성이 돌아와 해결책이 생각나고 상대방과 차분한 대화를 나눌 마음이 생긴다.

생각의 범주에서
몸의 범주로 건너가는 법

안 좋은 일이 생겼을 때 의식적으로 긍정적인 생각을 하라는 말은 도움이 안 될 때가 많다. 말처럼 쉽지 않기 때문이다. 그럴 때는 생각의 범주를 벗어나 아예 다른 영역인 몸에 집중하는 방법이 좋다.

매주 병원을 찾는 60대 현숙 씨는 열흘 내내 김장을 담갔던 일을 내게 덤덤히 말한다. 현숙 씨는 교통사고로 아들을 잃었다. 사람들이 하는 위로의 말이 귀에 하나도 들어오지 않는 힘든 나날을 보내는 중이다. 현숙 씨는 지난 열흘간 매일매일 김장을 담갔다. 대형마트까지 걸어가 하루에 배추 두 포기를 사와서 씻고 쪼개고 소금으로 절인 뒤 역시 딱 두 포기만큼의 배춧속을 만들어 김장을 했다. 열흘 동안 반복 작업을 하다 보니 몸이 피곤해서 잠도 잘 잤고 김장을 만드는 동안은 다른 생각이 나지 않아 그런대로 살 만했다고 말한다. 아들이 미칠 듯이 보고 싶을 때마다 현숙 씨는 어느 날은 방에 도배를 직접 다 하고, 어느 날은 이불을 몽땅 내와서 발로 밟아서 빨고, 어느 날은 집 안의 창고를 싹 다 정리하면서 하루하루를 견뎠다.

우리는 누구나 크고 작은 스트레스를 받으며 산다. 내가 스트레스를 받은 후에 무엇을 하면 해소가 되는지 스스로 잘 알고 있으면 그 방법을 찾아서 하면 된다. 기분이 좋아지는 행동을 하거나(영화 보기, 미용실에 가기, 화장하기, 쇼핑하기, 신나는 음악 듣기, 앨범을 꺼내 사진 보기, 데이트하기) 즐거운 장소에 가거나(여행하기, 산책이나 드라이브하기, 맛있는 음식점에 가기, 미술관 가기) 좋아하는 활동에 몰입하는(집 청소하기, 책상 정리하기, 요리나 베이킹하기, 뜨개질하기) 방법도 가능하다. 대체로 생각이 아닌 몸으로 범주를 바꾸어 팔다리를 움직이는 방법들이다. 실제로 우울증 환자에게 운동은 약물만큼 효과가 있다. 또 우울증의 재발 방지에는 약물보다 더 효과적이다. 운동을 하고 나면 기분을 좋게 만드는 도파민과 세로토닌과 노르에피네프린이 증가되기 때문이다. 더구나 숙면을 취할 수 있고 체중 조절도 되며 당뇨나 고혈압 등에 도움이 되는 효과도 함께 온다.

문제는 내가 어떤 일을 하면 스트레스가 풀리면서 기분이 좋아지는지 잘 모르는 경우다. 내가 쉽게 이용할 수 있는 스트레스 해소 레퍼토리가 없으니 스트레스를 풀기가 어렵다. 그래서 때로는 부정적인 방향으로 스트레스를 해소하게 된다. 술을 과하게 마시거나 게임에 과도하게 몰두하거나 마약에 손을 대는 경우다. 극단적이지만 자해를 습관적으로 하는 사람도 있다. 왜 자해를 하느냐는 물음에 자해를 하면 긴장이 풀리고 피를 보면 자신이 살아 있음을 느끼게 되어 그 순간은 공허감이 사라진다고 말한다. 실제로 자해를 하면 몸에서 천연 진통제인 엔케팔린이 분비되어 일시적으로 기분이 좋아진다. 비뚤어진 방법들에 의존하는 습관은 또 다른 스트레스를 불러 악순환에 빠질 뿐이다. 따라서 자신의 스트레스를 건강하게 해소하는 방법을 알고 있는 것이 중요하다.

불안은
몸으로 해소하라

김동현 판사는 변호사를 꿈꾸며 로스쿨에 들어간 뒤 간단한 안과 시술 중 의료사고로 양쪽 시력을 잃었다. 시각장애인이 되었다는 사실을 받아들일 수 없어 좌절과 분노의 시간을 보내던 그는 어머니의 권유로 절에 가서 매일 3000배, 한 달 동안 9만 배를 하게 된다. 처음에는 열 시간이 넘게 걸렸으나 하루하루 지날수록 시간은 조금씩 줄어들었다. 심청이가 공양미 300석에 팔려 가 아비의 눈을 뜨게 했으니 자기도 시력을 회복할 수 있지 않을까 하는 마음으로 그는 9만 배를 마친다. 주지스님에게 결국 눈이 안 떠졌다 말씀드리니 주지스님은 육체의 눈은 안 떠졌지만 마음의 눈은 떠지지 않았느냐며 선문답을 던졌다. 이 순간 김동현 판사는 깊은 깨달음을 얻고 속세로 내려와 재활에 힘썼고 변호사 시험에 합격했다. 현재 수원지법에서 국내 시각장애인 판사 2호로서 법조인의 삶을 살아가고 있다. 열 시간이 넘도록 3000번을 절하며 그는 어떤 감정을 느끼고 무슨 생각을 했을까? 절망과 분노와 막막함을 한 줌씩 덜어내지 않았을까.

몸과 마음은 동전의 양면과 같이 연결되어 있다. 부정적인 일이 생겨서 마음이 힘들면 몸이 경직되고 두통이 생기고 가슴이 답답해진다. 이럴 때는 그저 몸의 긴장을 풀고 근육을 이완하는 방법만으로도 마음의 고통을 덜 수 있다. 내면을 열심히 탐색하는 것으로 시작하는 기존의 심리치료와는 방향을 달리해 몸을 이완시키며 치료를 시작해보는 것이다. 스트레스로 머리가 복잡해지면 몸을 움직이자. 불안하면 밖에 나가 뛰어라. 마음이 복잡하면 창고와 옷장을 뒤집어엎어라. 글이 잘 안 써지면 산책을 하라. 생각을 생각으로 풀려 하지 말고 몸을 움직여라.

아무리 흔들려도 균형을 찾는 사람들의 비밀

자기계발서의 메시지는 천편일률적이다. '원하는 목표를 설정하고 간절히 갈구하라' '그러면 하늘의 기운이 너를 도울 것이다' '물론 중간에 고난과 역경이 있겠지만 절대 포기하지 마라' '하루하루 열심히 노력하다 보면 누구나 원하는 성공을 이룰 수 있다' 뭐 이런 패턴이다. 성공을 위한 방법들은 새로울 것은 없으나 조금씩 다르다. 매일 새벽 5시에 일어나서 일과를 시작했다는 사람, 1만 시간을 투자하니 그 분야의 전문가가 되었다는 사람, 자나 깨나 앉으나 서나 해당 분야 생각만 한다는 사람…… 피나는 노력으로 빛나는 결과를 이루어낸 그들을 보며 나도 박수를 보내지만 차마 따라 해볼 엄두는 내지 못했다. 나는 태어나기를 평범한 사람이고 그들은 비범한 사람이라는 생각이 들어서다.

또 하나의 이유는 '그들을 따라 살면 과연 내가 행복할까?' 라는 의구심이 들어서다. 명예와 돈을 좇는 생활이 진정 나를 행복하게 할까? 아무리 생각해도 그럴 거라는 답이 나오지 않았다. 나에게서 절대 'YES'라는 답이 나오지 않는 이유를 사실 잘 알고 있다. 나는 현재 내 삶에 충분히 행복해하는 전형적인 만족자satisficer이기 때문이다. 만족자는 현재 내가 한 선택과 가진 것에 만족하며 행복해하는 사람을 말하며, 그 반대인 사람은 극대화자maximizer라고 한다.

만족자는 자신이 정한 기준에 도달하면 탐색을 멈추고 자신의 선택에 충분히 만족한다. 극대화자는 온갖 것을 다 비교하고 모든 결정이 항상 최고여야 하는 기준을 가지고 있지만 세상 모든 것이 절대적인 최고에 도달하지는 못하므로 항상 불만족스러울 수밖에 없다. 오른편의 표는 심리학자 배리 슈워츠가 만든 테스트로, 자신이 만족자인지 극대화자인지 알아볼 수 있다. 전혀 동의하지 않을 경우가 1점, 완전히 동의할 경우가 7점이다. 각 질문에 1점부터 7점까지 점수를 주면 된다. 가장 낮은 점수는 13점, 가장 높은 점수는 91점이다. 65점 이상이면 극대화자에 속하고 40점 이하면 만족자에 속한다.

극대화자 테스트

	점수
1. 선택을 할 때 그 밖의 모든 가능성들을 생각하면서 그 시점에 존재하지 않는 것까지도 상상하려 애쓴다.	
2. 내 직업에 만족해도 더 좋은 기회를 알아보려 애쓴다.	
3. 차에서 라디오를 들을 때, 그런대로 만족해도 종종 더 좋은 것이 있는지 알아보기 위해 다른 방송국들을 확인한다.	
4. 특정한 TV 프로그램을 보려 하는 경우에도 채널을 여기저기 돌리면서 다른 대안을 알아본다.	
5. 인간관계를 옷 입기와 비슷하게 다룬다. 즉, 많은 사람을 만나보고 나서 완벽하게 맞는 사람을 고르려 한다.	
6. 종종 친구에게 줄 선물을 고르는 데 애를 먹는다.	
7. 볼 영화를 고르는 것은 정말 힘든 일이다. 늘 가장 마음에 드는 영화를 찾으려고 무척 애를 쓴다.	
8. 쇼핑을 할 때 맘에 꼭 드는 옷을 고르기 어렵다.	
9. 순위를 매기는 것을 매우 좋아한다. 이를테면 최고의 영화, 최고의 가수, 최고의 운동선수, 혹은 최고의 소설 같은 것.	
10. 친구에게 편지를 쓸 때도 적합한 단어를 고르느라 무척 애를 먹는다. 종종 간단한 글도 몇 번의 초안을 작성한다.	
11. 무엇을 하건 가장 높은 기준을 적용한다.	
12. 결코 차선에 만족하지 않는다.	
13. 종종 현재의 삶과 전혀 다른 방식의 삶을 꿈꾼다.	

- 『설득의 심리학』, 배리 슈워츠, 웅진지식하우스

자기계발서를 쓴 모든 저자가 극대화자라는 건 아니다. 물론 그들 중에도 나 같은 만족자가 있을 것이다. 그러나 자기계발서를 읽는 입장에서 주로 보게 되는 것은 극대화자로서 목표를 이루기 위한 그들의 노력과 그들이 이루어낸 결과다.

그렇다면 에세이 분야의 책은 어떨까? 힘들게 애쓰지 말자는 내용의 에세이들은 세상에 존재하는 만족자들에게 그들 자체의 삶으로도 충분히 괜찮다며 위안을 준다. 소확행이나 욜로나 휘게 라이프의 메시지 또한 만족자의 인생을 타당하게 만들어준다. 그러나 '현재 당신의 삶은 그럭저럭 괜찮으니 애쓰지 말자'라고 하는 에세이의 메시지를 곧이곧대로 받아들이지는 말자. 일단 책 한 권을 써낸다는 것 자체가 보통 사람들보다 부지런히 살아야만 해낼 수 있는 일이다. 출간을 위해 출판사를 찾고 책의 주제를 정하고 초고를 쓰고 다시 원고를 다듬고 책 홍보를 위해 시간을 쓰는 과정은 웬만큼 의지가 강하고 부지런하지 않으면 할 수 없다. 노력하고 애쓰는 삶 그 자체이면서 남들에게는 이만하면 괜찮은 삶이라고 성장이나 발전 같은 가치를 폄하하는 말에 나는 동의하지 않는다.

그래서 우리는 자기계발서와 에세이 그 중간 어디쯤에서

살아야 한다. 자기계발서에서 드러나는 성공에만 집중하지 말고, 그 삶이 나에게도 행복인가를 살펴보자. 예전에 '행복 전도사'로 알려진 방송인이자 자기계발서 작가가 오랜 병마에 시달려 스스로 목숨을 끊었다는 소식에 충격을 받았다. 그 후로 자기계발서를 읽을 때 과연 저자가 자신의 삶에 만족하고 행복해하는지를 들여다보는 버릇이 생겼다. 돈과 명예도 물론 중요하지만 자기 인생에 만족감과 행복감을 느낄 줄 아는 사람이야말로 진정한 자기계발서를 쓸 자격이 있지 않을까.

자기계발서와 에세이
그 중간 어디쯤에서 살아야 한다

나는 가진 것에 만족하는 만족자다. 결혼 15년 만에 지방 중소도시 변두리에 내 집을 장만했음에 만족한다. 가족들이 무탈하고 건강함에 감사하다. 자그마한 개인 의원이지만 날 찾아주는 환자분들이 있어서 감사하다. 정직하고 성실한 직원들이 있어 진료에만 집중할 수 있기에 감사하다. 이렇게 나는 내가 가진 것에 감사하고 만족한다.

그리고 동시에 극대화자이기도 하다. 작가라는 또 하나의 직업이 있기에 극대화자의 삶을 추구하며 산다. 정신의학 도서를 꾸준히 읽으며 논문도 열심히 찾아보고 강의도 열심히 듣는다. 쓰고 싶은 글이 있으면 기획안을 작성해 출판사의 문을 두드린다. 본격적으로 초고 집필에 들어가면 워커홀릭이 되어 원고에 모든 시간과 에너지를 쓴다. 몇 번을 고쳐 쓰고 다시 쓰며 내 능력 안에서 최고의 책을 써내기 위해 나를 갈아 넣는다. 완성된 책을 보면 항상 부족한 부분이 눈에 띄어서 아쉬워한다. 작가로서는 항상 불만족하게 살고 있는 극대화자여서 다음 책을 쓸 때는 좀 더 잘 써야겠다고 다짐한다. 가진 것에 감사하고 못 가진 것을 욕망하며 살자. 가진 것에 감사하지 않는 극대화자는 발전은 있으나 무엇에도 만족하지 못하니 행복하지 않을 수 있다. 또한 가진 것에 불만이 없는 만족자는 그럭저럭 만족스러운 인생을 살 수는 있으나 성장 없는 제자리걸음만 하고 있을 수 있다.

내가 만난 환자인 40대 후반 아람 씨는 극대화자로서 부지런히 살아왔다. 아이를 키우면서도 직장을 다녔고 그것도 모자라 부업을 하면서 돈을 벌었고 덕분에 남들보다 빨리 내 집 장만을 했다. 자격증도 여러 개 있으며 현재 온라인 사업으로 승승장구하고 있다. 아람 씨는 만족자인 남편이 항상 불만이고 마음에 안 든다. 열심히 동동거리는 자신과 달리 안분지족한 남편과 갈등이 많다. 아이들을 대학에도 보내야 하고 큰아이는 대학원 학위 욕심이 있어 계속 뒷바라지해줘야 하는데 남편은 은퇴하면 귀농을 하겠다고 한다. 아람 씨는 애들을 다 키우고 나면 남편과 졸혼하는 것을 고려하고 있다.

아람 씨와 아람 씨의 남편 둘 다 삶의 절충이 필요하다. 아람 씨에게는 가진 것에 만족하는 여유와 순간의 행복을 누릴 수 있는 자세가 필요하다. 남편은 못 가진 것을 욕망하는 극대화자의 노력이 필요하다. 한 손에는 가진 것에 만족하는 행복감을, 한 손에는 못 가진 것을 욕망하는 노력의 자세를 두자. 이 둘의 균형이 당신의 인생을 더 풍요롭게 만들어줄 것이다.

우리가 죽을 때
가장 후회하는 것

　친구 하나가 남들 다 하는 결혼을 해보겠다며 결혼정보회사에 가입했다. 주마다 한 번씩 열심히 남자를 만나더니 이것도 사람 할 짓이 아니라며 나를 붙잡고 전화로 하소연을 했다. 어떤 남자는 배려심 있고 자상한데 월급을 어머니가 관리한다는 사실에 그만두었단다. 어떤 남자는 같은 의사인데 말이 통하지 않아 퇴짜를 놓았단다. 또 다른 남자는 다짜고짜 연봉을 물었다며 무례하고 속물적인 사람이라 싫단다. 친구는 계약된 열 번의 소개팅을 끝냈으나 끝내 배우자감을 찾지 못했다. 이런저런 다양한 사람을 만나 보니 사람을 볼 때 뭘 봐야 하는지 더 혼란스러워졌다는 후유증만 남기고 친구의 결혼정보회사

탐방기는 끝을 맺었다.

심리학자 배리 슈워츠Barry Schwartz는 『선택의 심리학』에서 자유롭게 선택할 권리가 역설적으로 인간을 행복하지 않게 한다고 말한다. 옵션이 많다는 것은 선택하지 않은 다른 옵션을 만들며 그것들에 대한 미련이 현재의 선택에 만족하고 집중하는 것을 방해한다고 말이다. 내가 선택한 직업이나 주거지, 배우자에 대해서도 이 원리는 적용된다. 내 선택에 확신이 없을 경우 조금이라도 불만족스러우면 과거의 선택을 후회하면서 더 나은 대안을 찾아 나서게 된다는 것이다.

자신의 주관성과 개별성을 잘 안다는 것

누구나 최선의 선택을 하고 싶어 한다. 그래서 이리저리 재고 따지면서 객관적인 비교를 하려 들고, 충분히 알아보고 선택했다는 확신이 들면 만족해한다. 그러나 인간은 그리 이성적인 존재가 아니다. 선택을 할 때는 감정이 훨씬 강력하게 작용한다. 어떤 일의 결과로서 감정이 올라오기도 하지만 어떤 일을 결정하게 하는 계기도 감정이 한다. 그래서 주변 사람들이 다 말리는 상대와 결혼을 결정하기도 한다. 반대로 성품이며 능력이며 집안이며 모든 것이 완벽한 상대와 소개팅을 했는데 왠지 더 이상 감정이 무르익지 않아 이별을 하기도 한다. BTS의 굿즈를 사고 콘서트에 가는 이유 또한 그들이 감동과 기쁨을 주기 때문이지 음악성이 뛰어나고 외모가 훌륭하며 공연 매너가 끝내준다는 건 그다음의 얘기다. 정치도 마찬가지다. 지지하는 진영의 잘한 점은 악착같이 찾으려고 노력하고 못한 점은 눈감아버린다. 반대 진영이라면 잘한 일에도 흠집을 찾으려고 눈이 벌개져서 덤벼들고 못한 일은 하이에나처럼 물고 늘어져 잡아 뜯는다. 종교 또한 어디 이성이 통하는 분야던가? '이성을 버리고 무조건 믿어라'가 모든 종교의 공통 교리다.

실제로 감정을 관장하는 변연계를 다친 환자의 경우 제대로 된 선택을 하지 못하는 경향을 보인다. 감정은 기억과 학습에 절대적인 영향을 미친다. 따라서 어떤 상황이 생길 경우 감정은 과거에 경험한 온갖 정서적 정보를 이성을 관장하는 전두엽 피질로 보내 선택이라는 구체적 행위를 하게 한다. 좋든 나쁘든 어떠한 구체적 감정이 강력하게 실린 기억은 선택을 할 때 큰 힘을 발휘한다. 인간은 생각보다 감정적이며 동시에 주관적이다. 또한 개개인은 서로 다른 기억과 정서를 지닌 개별적 존재다. 그래서 제대로 된 선택은 자신의 주관성과 개별성을 잘 알고 따를 때 이루어진다.

남의 가치가 아닌
나의 가치를 따라라

선택을 주관성과 개별성이 아닌 보편성이라는 논리로 남을 따라서 하는 경우가 많다. 특히 한국 사회에서는 이런 현상이 뚜렷하다. 유행이라는 이름으로 너도 나도 어울리지도 않는 발등을 다 덮는 통 넓은 팬츠를 입고 다닌다. 결혼을 할 때 상대방을 세상이 정한 기준에 맞추어 저울질한다. 남자가 경기도에 20평대 아파트 전세는 해 와야지 결혼할 수 있는 자격이 생긴다고 생각한다. 사회가 변하면서 대두되는 동성애나 안락사 같은 사회적 이슈에 대해 종교 지도자가 설파하는 논리를 의심도 안 하고 받아들인다. 결혼정보회사의 소개팅을 섭렵한 내 친구도 마찬가지다. 결혼정보회사의 기준인 나이나 외모, 학벌, 직업, 사는 곳 등등을 따져 보편성의 논리로 접근하니 누가 나에게 잘 맞는 배우자감인지 알 수가 없고 생각이 더 혼란스러워진다.

내가 삶에서 무엇을 원하는지, 양보할 수 없는 가치는 무엇인지, 어떤 가치를 추구하는지 알면 의외로 많은 선택이 쉬워진다. 돈을 많이 주지만 그만큼 힘들게 일해야 하는 회사와 돈은 적게 주지만 워라밸이 보장되는 회사 두 군데에서 스카우트 제의가 올 경우 나에게 맞는 곳을 별다른 고민 없이 선택할 수 있다. 프랑스 요리를 위한 송로버섯의 신선도를 유지해준다는 값비싼 냉장고는 요리를 하지 않는 나에게는 쓸모가 없다는 걸 알면 쇼핑도 간단해진다. 내 친구는 대화가 통하고 독립적이면서도 내면이 꽉 찬 남자를 배우자로 원했지만 결혼정보회사에서는 전문직 여성에 맞게 직업과 학벌을 최우선으로 보고 사람을 매칭시켜주었기에 내 친구와 맞지 않았다.

30대 주희 씨는 고등학교 시절에 전교 1등을 놓치지 않을 만큼 성적이 우수했으나 여자 직업으로 교사가 최고라는 엄마의 강압에 교대를 갔다. 독립적이고 진취적인 성향의 주희 씨는 대학 분위기가 본인과 맞지 않아 친구들 사이에서 겉돌았다. 교사가 된 지금도 아이들을 대하는 일이 큰 보람도 없고 재미도 없다며 직업에 대한 애착도 자부심도 없다고 한다. 주희 씨는 말도 재미있게 하고 머릿속에 온갖 새로운 아이디어가 쏟아지는 타입이었다. 광고나 마케팅, 기획 같은 일이 교사보다 훨씬 더 잘 어울릴 듯 보였다. 자신의 가치와 목표를 스스로 생각하지 못하고 남의 결정에 의탁해버린 흔한 사례다.

주관성과 개별성이 아닌 세상의 보편성에 나를 맞춘 선택은 내가 아닌 남의 인생을 사는 것과 같다. 인간은 세상을 떠나기 전에, 내 인생을 살지 않고 남과 세상에 맞춘 인생을 산 것을 가장 후회한다. 남의 가치가 아닌 나의 가치를 따르라. 미국의 시인 로버트 프로스트Robert Frost의 시가 생각이 난다. '오랜 세월이 지난 후 나는 어디에선가 한숨 쉬며 얘기할 것이다. 숲속에 두 갈래 길이 있었고 나는 사람들이 적게 간 길을 택하였다고. 그리고 그것이 내 모든 것을 바꾸어놓았다고.'

가스라이팅에서
자신을 지켜라

"남자친구가 나에게 가스라이팅을 해요."
"엄마는 어렸을 때부터 내게 가스라이팅을 했어요."

어느 날부터인가 진료실에서 '가스라이팅'이라는 용어가 들리기 시작했다. 유튜버들은 연인 사이에 일어나는 가스라이팅에 대한 콘텐츠를 만들고, 육아 프로그램에서는 부모 자식 간에 일어나는 가스라이팅에 대해 언급했다.

'가스라이팅'이라는 단어는 1940년대에 잉그리드 버그만이 주연한 영화 〈가스등〉에서 시작됐다. 아내가 자꾸만 등이 꺼졌다 켜졌다 한다고 말하자 남편은 아내의 착각으로 몰고 간다. 스스로 생각하고 판단하던 아내는 급기야 남편의 말이 다 맞고 자신이 틀렸다고 믿게 된다. 사실 남편은 보석을 훔치기 위해 아내에게 접근해 계획적으로 아내를 정신이상자로 만든 것이었다. 자신의 판단에 확신을 잃은 아내는 남편에게 모든 결정을 맡기고 의지하게 된다. 이렇게 교묘하게 상대방을 지배하는 것이 가스라이팅이다.

은밀하고 교묘한
그들의 수법

가스라이팅에는 정형화된 프레임이 있다.

첫째, 가스라이팅의 가해자가 있다. 가해자는 자신의 목적을 위해 피해자를 자기 입맛에 맞게 바꾸려고 한다.

둘째, 자기 확신을 잃은 피해자가 있다. 자기 확신이 떨어져서 가스라이팅을 당하는 것인지 가스라이팅을 당하다 보니 자기 확신이 떨어진 것인지는 알 수 없다. 결국 피해자는 가해자에게 자신의 판단과 결정권을 넘겨주게 된다.

셋째, 두 사람에게 영향을 미치는 정서적 공간이 존재한다. 예를 들어 연인이나 부부, 부모와 자식, 친구, 직장 상사와 부하 직원 등 서로 감정적 영향을 미칠 수 있는 사이에서 가스라이팅이 일어난다. 가해자가 그 정서적 공간에서 채찍만 휘두르는 것이 아니고 때로는 달콤한 당근도 주기 때문에 가스라이팅에서 빠져나오는 것이 힘들다.

넷째, 가해자에게는 그럴듯한 명분이 있다. 가해자는 피해자에게 그 명분을 교묘히 세뇌한다. "다 너를 위해 이러는 거야" "이 정도는 당연히 해야지" 같은 말을 하며 올바르고 정의로운 일이라고 피해자에게 명분을 주입한다. 이를 어기면 죄책감이나 불안감이 들기 때문에 피해자는 기꺼이 가해자의 말을 따르게 된다.

다섯째, 가해자는 피해자의 주변 관계를 끊어내어 피해자가 제3자의 객관적인 의견을 듣지 못하게 막는다. 피해자에게 진실이 은폐되고 왜곡된 세상에서 우물 안 개구리로 살기를 강요한다.

가스라이팅이 과거에는 없었던 현상인데 갑자기 생긴 것인지 묻는다면 그렇지 않다. 용어 자체는 갑자기 떠오른 것이 맞지만 과거에는 '가스라이팅'으로 인식하지 못했던 것을 현재에는 인식하기에 용어로서 명명된 것이다. 동서양을 막론하고 과거부터 현대까지 수많은 가스라이팅이 난무했다. 가스라이팅은 개인과 개인 사이에만 존재하는 것이 아니고, 개인과 조직, 개인과 국가, 개인과 종교, 개인과 정치에도 존재한다. 종교는 가스라이팅의 중심에 서서 사람들을 현혹시키며 체제를 유지해왔다. 신분제는 가스라이팅의 집합체라고 봐도 될 정도다. 노예는 일만 하다 죽는 것이 마땅하고 귀족은 평생 호의호식하고 노예를 수족처럼 부리며 사는 것이 하늘이 정해준 운명이라니 말이 되는가. 가스라이팅은 광고와 마케팅이라는 근사한 옷을 입고 있기도 하다. 때로는 직접적으로, 때로는 은밀한 암시를 통해 우리는 가치를 주입당해왔고, 이러한 일은 여전히 지속되고 있다.

누구나 가스라이팅의
피해자가 될 수 있다

가스라이팅의 궁극적 목적은 타인을 통제하는 것이다. 가스라이팅 가해자는 자신의 이기적인 목적을 위해 피해자를 수단화한다. 갑과 을이라는 명확한 위계 속에서, 상대방의 단점을 지속적으로 파헤치고 비난하며 네가 잘못된 것이라고 말한다. 피해자의 자아는 점점 쪼그라들고 가해자의 자아는 피해자의 자아를 잡아먹으며 점점 더 비대해진다.

인간은 의식하지 못더라도 누구나 다 자신의 통제력을 자신에게, 그리고 타인에게 발휘하고 싶어 한다. 재력을 좇고 권력과 명예를 추구하는 것도 궁극적으로는 세상에 대한 통제력과 영향력을 가지고 싶어서다. 그렇기에 우리는 자기도 모르는 사이에 가스라이팅의 가해자가 될 수도, 피해자가 될 수도 있다.

가스라이팅에서 벗어나기 위해서는 가장 먼저 내가 가스라이팅을 당하고 있다는 인식이 필요하다. 누군가가 나에게 과한 요구와 지적을 한다면 가스라이팅이 아닐까 하는 의심을 해보자. 연인과 같이 있는 시간이 괴롭고 부모와 보내는 시간이 고역이라면 내 감정이 보내는 신호를 무시하지 말자.

그다음으로는 상황에서 한 발짝 거리를 두고 객관화를 해야 한다. 피해자는 합리적으로 사리 분별을 할 능력을 서서히 잃게 된다. 옳고 그름에 대한 판단이 어려워져서 가해자의 판단을 그대로 자기 것으로 가져온다. 여기서 벗어나 나와 상대가 처한 상황을 제3자의 눈으로 보고 판단하자.

마지막으로는 구체적 행동의 단계다. 가해자와 정서적 거리를 두고 이별을 감수하자. 나에게 가스라이팅을 할 경우에

단호히 'NO'라고 말하고 선을 긋자. 가해자가 펼쳐놓은 싸움판에 들어가지 말자. 어떤 말을 하더라도 나를 설득시키며 교묘한 세뇌의 장을 펼칠 테니 말이다.

　가스라이팅이라는 용어가 빠르게 이 사회에 정착한 이유는 타인의 강요를 더 이상 따르지 않겠다는, 더 이상 나를 너의 수단으로 삼지 말라는 마음들이 커졌기 때문이 아닐까. 사람들은 이제 나 자신으로 오롯하게 살아가는 삶의 방식이 얼마나 중요한지 인식하기 시작했다. 내 삶의 주도권은 오로지 나에게 있다. 누군가의 도움을 받을 수는 있겠지만 결국 판단도 결정도 내 몫이다. 누군가의 객체로 기능하기를 거부하고 나 자신의 주체로 세상에 우뚝 서야 한다. 나는 가스라이팅이라는 용어가 대중화된 것을 매우 환영한다. 가끔 부작용이 있기도 하지만, 결국 이 용어 덕분에 우리는 자기 자신을 더 잘 지킬 수 있게 되었으니 말이다.

왜 우리는 인정과 애정을
갈구하는가

인정 욕구와 애정 욕구가 충족되지 않으면 어떻게 될까? 평생에 걸쳐 인정과 애정을 찾아 헤매게 된다. 그러나 불행하게도 혼자서는 채울 수 없으며, 절대적으로 타인이 필요하다. 그래서 인간은 유형의 사회적 자원뿐 아니라 인정과 애정 같은 무형의 자산을 주고받으며 살아야 하는 사회적 동물이다.

유튜브에 '스스로를 사랑하는 방법'이라고 검색하니 '버터플라이 허그'라고 불리는 포옹 방법이 나왔다. 양팔을 가슴 위로 올려 손목을 교차해 X자로 모은 뒤 손바닥으로 자신의 가슴을 토닥토닥하는 간단한 방법이었다. 그 외에도 다양한 조언이 나왔다. 자신이 좋아하는 공간을 만들어 나만의 공간에서 잘 쉬어야 한다든가, 다소 값이 나가더라도 좋아하는 캐릭터가 그려진 슬리퍼나 취향에 딱 들어맞는 컵 등 평소 가지고 싶었던 소품을 사서 자신을 위한 선물을 하라든가, 라면 하나를 끓이더라도 냄비에다 먹지 말고 좋아하는 면기에 깔끔하게 담아 먹으라든가.

  결국 이 방법들이 말하고자 하는 바는 하나다. 바로 자기 위로, 혹은 자기 존중의 마음을 갖자는 것이다. 누구나 쉽게 따라 할 수 있는 방법이기는 하다. 그러나 나는 이 방법들이 효과적이지 않다고 본다. 결국 인정과 애정은 스스로가 아닌 타인이 채워주는 것이기 때문이다. 스스로를 인정해주고 사랑해주자는 셀프 위로는 허공에 뿌리는 공허한 메아리와 같다. 어렵지만 효과가 확실한 최선을 대신한 차선책인 셈이다. 그래서 막상 따라 해봐도 내가 소중하고 사랑스러운 존재라는 개념이 그리 단단하게 자리 잡지는 못한다.

쉽게 맺은 관계는
인정 욕구를 채워주지 못한다

인간은 타인과의 사이에서 인정과 애정을 받아야만 무력무력 행복을 키우며 자랄 수 있다. 어린 시절에는 부모의 존재가 절대적이며 학창 시절에는 친구의 존재가 무엇보다 소중하다. 성인이 되기 전에 받아온 타인의 인정과 애정은 평생을 살아가는 동력이 된다. 반대로 좋은 부모를 만나지 못해 충분한 애정을 받지 못했거나 학창 시절에 늘 외로웠던 사람들은 타인의 인정과 애정을 찾아 헤매게 된다. 좋은 사람을 만나면 공허한 내면을 극복하고 행복해질 수 있을 거라 착각을 한다. 그래서 가까이 있는 타인에게 관심을 갈구하는 것이다.

제대로 된 인정과 애정을 받아보지 못한 사람들은 타인이 자신에게 보여주는 약간의 호의만으로 아무나와 친구가 되고 지인이 되고 연인이 되고 배우자가 된다. 이렇게 함부로 맺은 관계는 절대 나의 인정과 애정 욕구를 충만히 채워주지 못한다. 관계의 질을 따져서 맺은 관계가 아니라 내 주변에 있는 사람 아무나와 맺은 관계이기 때문이다. 갈증이 심한 사람이 깨끗하고 시원한 일급수가 아니라 미지근하고 녹물 섞인 수돗물을 마신 것과 같다.

그러나 타인과 의미 있는 양질의 관계를 맺어본 경험이 없는 사람은 자신이 마시고 있는 물이 일급수인지 아니면 녹물 섞인 수돗물인지 알지 못한다. SNS의 '좋아요' 개수가 중요하기에 타인의 시선을 잡아끌 자극적인 사생활을 올리고, 별것 아닌 악플에도 하루 종일 스트레스를 받는다. 단지 외로움을 피하고 시간을 때우기 위해 친구들과 어울리고는, 집에 돌아와 혼자가 된 후에는 밀려드는 공허함에 몸부림친다.

나답게 살면
저절로 따라오는 것들

타인의 인정을 갈구하다 보면 어느새 타인의 비위만 맞는 삶을 살게 된다. 마음에 드는 이성의 호감을 얻어내기 위해 상대가 좋아할 만한 행동을 하고, 승진에 결정적인 영향력을 행사하는 상사에게 잘 보이려고 노력하는 것처럼 말이다. 이처럼 우리는 상대방의 인정을 갈구하며 거기에 나를 맞추려고 노력하는 순간 스스로 '을'이 된다. 을들이 흔히 하는 착각이 있다. '제가 그동안 너무 이타적으로 살았어요. 지금부터라도 나를 먼저 챙기려고요.' 을들에게 물어보고 싶다. 정말 상대방을 먼저 배려하는 이타적인 삶을 살았느냐고. 그들은 진정 상대방을 배려하며 이타적으로 산 것이 아니라 상대방에게 잘 보이거나 인정받기 위해 표면적인 이타성을 발휘하며 산 것이다.

또한 을의 자세를 자처하는 사람은 상대방과 동등한 인간관계를 맺지 못한다. 인정과 애정을 갈구하기에 스스로 을의 자세를 취했건만 이상하게도 자신이 준 만큼 돌려받지 못하는 경우가 많다. 인정과 애정은 한쪽이 다른 한쪽에게 베푸는 시혜의 모양새로 시작되지만 결과적으로는 양쪽에서 서로 오가는 호혜의 모양새로 바뀌어야 한다. 부모가 자식에게 쏟는 인정과 애정은 일방적인 시혜로 보이지만 실은 그렇지 않다. 부모는 육아를 하며 '이 아이에게 내가 없으면 안 되겠구나'라는 생각에 스스로를 유능한 사람이라고 느낀다. 아이가 한 명의 인간으로 성장하는 모습을 지켜보며 뿌듯함을 느낀다. 즉, 부모와 자식은 서로의 인정 욕구와 애정 욕구를 충족해주는 양방향의 관계인 것이다.

아이는 계산 없는 순진무구한 웃음을 부모에게 보여주며

무조건적인 애정을 표현한다. 아이만이 지닌 매력으로 부모의 인정과 애정을 받는 것이다. 을을 자처하는 사람들에게는 이러한 매력이 없다. 매력은 무엇을 잘할 때가 아니라, 자신만이 가진 독창적인 색깔을 자유롭게 발산할 때 생긴다.

　타인에게 인정과 애정을 받으려면 먼저 나다운 삶을 살아야 한다. 그리고 그 나다움의 매력으로 타인에게서 인정과 애정을 주고받아보자. 혼자서 하는 자기 위로와 자기 존중의 소극적 방법을 벗어나 타인 속으로 들어가 적극적으로 쟁취해보자. 타인의 인정을 갈구하지 마라. 그냥 나답게 하루하루를 살아내라. 내가 나답게 살면 매력이 드러나고, 매력적인 사람이 되면 타인의 인정은 저절로 뒤따라올 것이다.

4장

괴로운 인간관계를 해결해야
인생이 풀린다

인간관계가 제일 어려운

당신에게

왜 독이 되는 관계를
놓지 못하는가

"엉뚱한 사람한테 정성을 쏟고 계시네요."

　오늘도 어김없이 친구에 대한 고민을 털어놓는 지윤 씨에게 말했다. 지윤 씨는 자신을 이용하는 친구들 사이에서 '감정적 번아웃'에 빠져 있었다. 어제, 이기적이고 제멋대로인 친구 A는 만나기 30분 전에 지윤 씨와의 약속을 취소했다. 이런 경우가 다반사일 뿐 아니라 만나면 무조건 지윤 씨가 밥을 산단다. 대체 왜 A와 계속 만나느냐는 질문에 지윤 씨는 2년 전 오래 사귄 남자친구와 헤어지고 힘들었을 때 A가 술을 사주면서 위로해준 게 너무 고마웠다고 말한다. 그래서 A의 얌체 짓을

눈감아주며 관계를 이어오다 보니 지금처럼 되었다는 것이다.

　지윤 씨의 또 다른 친구 B는 요즘 지윤 씨의 자취방에 얹혀 산다고 한다. 동거하던 남자친구를 두고 다른 남자와 바람을 피우다 들켜서 쫓겨났다. 갈 곳이 없어진 B가 안쓰러웠던 지윤 씨는 자신의 자취방으로 데리고 왔다. 문제는 B가 자기 때문에 늘어난 생활비를 나 몰라라 하는 중이라는 것이다. 수도세와 전기세, 배달 음식비까지 몽땅 지윤 씨가 부담하고 있다.

　지윤 씨의 머릿속은 항상 복잡하다. 친구들에 대한 고민뿐 아니라 매달 돈 걱정에 취업 준비까지 벅차다. 주말 아르바이트 외에는 별다른 일을 하지 않는데도 지치고 무기력하다.
　A와 B는 지윤 씨의 '의미 박탈자'다. 이들은 지윤 씨의 존재의 이유와 삶의 목적을 갉아먹는 에너지 뱀파이어들이다. 그들은 친구라는 허울을 뒤집어쓰고 지윤 씨를 적당히 이용한다. 이런 의미 박탈자들에게는 공통점이 있다.

　① 항상 단점을 지적한다.
　② 과정이 아닌 결과를 중시한다.
　③ 상대방을 자신의 수단으로 삼는다.

④ 개개인의 개별성을 무시한다.

⑤ 눈에 보이는 행위만 중요하게 여긴다.

⑥ (물질적인 것이든 정신적인 것이든) 나누는 것에 인색하다.

⑦ 인생의 의미와 가치를 고민하지 않는다.

⑧ 상대방에게 감사할 줄 모른다.

지윤 씨는 친구들이 자신을 이용한다는 것을 알면서도 만남의 끈을 놓지 못한다. 그들이 없으면 본인의 삶이 더 외로워지고, 관계가 끊어지면 다시는 그런 친구라도 만나지 못할까봐 두려워한다. 자신에게 해롭다는 것을 알면서도 이런 이유로 관계를 지속하는 사람들이 많다. 상대방이 나에게 좋은 사람이 아니라는 것을 알면서도 관계를 못 끊는다. 지윤 씨가 잘 모르는 사실은 A와 B 같은 이기적인 이들은 생각보다 만나기가 쉽다는 것이다. 진짜 어려운 것은 나에게 긍정적인 의미를 부여해주는 사람을 만나는 일이다.

기연 씨는 최근에 유명한 웹툰 플랫폼과 계약을 했다. 만화 관련 학과를 졸업하고 생활비를 벌기 위해 아르바이트를 하던 중에 유명 웹툰 작가인 C를 만나게 된 건 기연 씨 인생에 큰 행운이었다. C는 기연 씨가 다른 일을 안 해도 될 정도의 일을 맡겼고 보수 또한 넉넉하게 주었다. C는 기연 씨의 재주를 알아보고 이것저것 자신의 노하우를 알려주었고 공모전에 떨어져서 낙담했을 때는 응원하고 격려해주었다. 지금도 기연 씨는 C를 작가님이 아닌 스승님이라고 칭한다. 제자의 앞길에 등불을 들고 비추어주는 사람을 우리가 스승님이라고 칭하듯이 말이다.

2022년 반 클라이번 국제 피아노 콩쿠르에서 최연소로 금메달을 수상한 임윤찬의 사례도 있다. 그는 지도 교수인 손민수 교수를 향해 '나의 종교이자 스승'이라고 말한다. 손민수 교수와 C는 임윤찬과 기연 씨에게 '의미 부여자'다. 의미 부여자는 상대방에게 존재 자체의 의미를 부여해주며 인생의 목적과 방향성을 보여주는 에너자이저다. 이런 사람이 주변에 있으면 에너지가 충전된다. 자기 자신이 괜찮은 사람이라는 느낌을 받으며 내 인생이 만족스럽다. 의미 부여자의 공통점은 다음과 같다.

① 항상 장점을 언급한다.
② 결과가 아닌 과정을 중시한다.
③ 상대방을 목적으로 여긴다.

④ 개별성과 차이를 인정한다.

⑤ 행위 자체보다는 내면에 있는 정서나 깨우침, 사고 등을 중요하게 여긴다.

⑥ 나눔의 미학을 알고 있다.

⑦ 인생의 의미와 가치를 고민한다.

⑧ 상대방에게 고마워한다.

독이 되는 관계 때문에
에너지 낭비하지 마라

많은 사람이 의미 박탈자와의 관계를 고민하는 데 시간을 허비하고 인생을 낭비한다. 누군가는 오늘도 유튜브에 나르시시스트를 검색해보며 그들의 행동 패턴을 파악하고 대처 방법을 고민한다. 그 노력들은 부질없다. 우리가 고민하고 노력해야 하는 건 의미 부여자와의 관계다. 그러나 의미 부여자는 만나기 어렵다. 타인을 위해 긍정적 오지랖을 부릴 수 있는 좋은 사람은 세상에 많지 않기 때문이다. 게다가 내가 의미 박탈자와 관계를 맺고 있으면 의미 부여자는 절대 만날 수 없다. 의미 박탈자가 내 시간과 공간을 차지하고 있기 때문이다. 나쁜 남자친구와 서로를 갉아먹는 관계를 유지하고 있으면 좋은 이성이 나에게 접근하지 않는다. 의미 박탈자인 이기적인 친구들과 친하게 지내면 의미 부여자가 될 수 있는 이타적인 사람은 그 모임에 끼지 않는다.

또 중요한 점이 있다. 내가 의미 부여자를 만나고 싶으면 나도 그에게 의미 부여자가 되어야 한다는 것이다. 모든 인간관계는 기브 앤 테이크다. C는 기연 씨가 자신을 잘 따라와주는 모습에 뿌듯함을 느꼈다. 손민수 교수 또한 제자인 임윤찬에게 '존경하는 피아니스트'라는 찬사를 보냈다. 기연 씨와 임윤찬은 그들에게 '스승'이라는 삶의 의미를 부여해준 것이다.

우리에게는 의미 부여자를 알아보는 눈이 필요하다. 원래 쓴소리는 듣기 싫으며 실천하기는 더욱 힘든 법이다. 그래서 인간은 과거에 살아왔던 삶의 패턴대로 고만고만하게 일생을 살아간다. 당신의 인생을 업그레이드 하기 위해서 가장 먼저 해야 하는 건 인간관계 정리다. 매일 술 마시며 신세 한탄에 세상을 비관하는 사람들과 함께 있으면 그들이 현재 당신의 모습이고 미래가 된다. 아니면 자기 인생을 충실히 살아가고 내 인생에도 의미를 부여해주는 이들과 함께 있는가? 그렇

다면 계속 그들과 함께하라. 그들은 당신의 삶에 날개를 달아
주고 당신이 세상을 향해 훨훨 날아가도록 도울 것이다.

성공한 사람은 인간관계 고민으로 힘들어하지 않는다

정신과에서 만나는 환자들의 고민의 9할 이상을 차지하는 주제는 인간관계다. 인간의 모든 고민은 인간관계에서 비롯된다고 정신과 의사 알프레드 아들러Alfred Adler는 말한다. 그런데 인간관계에 대한 고민은 대개 비효율적이다. 입력한 값과 출력한 값이 따로 놀기 때문이다. 사과를 집어넣으면 사과라는 원재료의 범위를 벗어나지 않고 사과 주스, 사과 파이, 사과 잼 등이 나와야 옳은 계산법이다. 그런데 인간관계라는 것은 사과를 집어넣었더니 오렌지 주스, 호두 파이, 복숭아 잼이 튀어나오는 것과 같다. 수식에 맞지 않으며 불확실하고 모호하다.

어릴 적에 나는 내가 노력하면, 노력한 만큼 상대가 알아봐주고 달라질 거라고 생각했다. 그래서 누군가와 갈등이 생기면 무조건 먼저 노력했다. 친구에게는 마음을 담은 손 편지를 정성껏 써봤다. 첫사랑에게는 내가 문제가 있으면 고치겠다고 말하고 실제로 나를 바꾸려고 애썼다. 직장에서 동료와 미묘한 신경전을 벌이게 될 경우에는 퇴근하고 저녁 먹으면서 얘기하자고 먼저 손도 내밀어봤다. 그런데 이 모든 노력은 상대방을 고려하지 않은 나의 일방적인 노력이었다. 친구는 나와더 이상 친구 사이를 유지하기 싫었던 것이 솔직한 속마음이었고 첫사랑은 새로운 사람과의 연애를 원하고 있었으며 직장동료는 원래 일하다가 만난 사람과는 개인적인 친분을 맺지않는 사람이었다. 나는 상대방을 들여다보지 않고 내 방식대로만 노력한 것이다.

타인을 포기하지 못하면
나를 포기해야 한다

이처럼 인간관계는 어렵다. 인간은 타인을 바꾸지도 못하고 포기하지도 못하면서 힘들게 살아간다. 둘 중에 하나를 택해야 한다면 타인은 바꾸는 것은 거의 불가능하기에 그나마 가능한 영역인 타인을 포기하는 삶을 택하라고 말하고 싶다. 타인을 포기하지 못하면 나를 포기해야 한다. 타인을 주체로 놓으면 나는 객체가 되는 삶을 살아야 한다. 그러니 타인을 포기하자. 그 사람은 나와 다른 생각을 가진 타인이라고 생각하자. 결이 잘 안 맞는 사람과는 적당히 거리를 조절하면서 관계를 유지하면 된다. 어쩔 수 없이 봐야 하는 관계라면 서로 얼굴을 붉히지 않을 정도의 형식적인 소통만 하면 된다. 굳이 상대방과 깊은 관계를 맺을 필요도 없고 상대방을 내 입맛대로 바꾸기 위해 노력할 필요도 없다.

이 말들이 너무 냉정하게 들리는가? 정 없는 소리 같은가? 자, 그럼 이 말은 어떠한가? '마음을 비웠다' '모든 것을 내려놓았다' '있는 그대로 받아들이기로 했다' 같은 말들 말이다. 인간관계의 갈등을 초월한 사람이 깊은 고뇌 끝에 상대방을 수용하기로 했다는 멋진 말 같다. 그러나 저 말은 30년간 결혼생활을 유지한 끝에 남편이 변할 것을 기대하지 않고 받아들여야 함을 이제야 알겠다는 60대 중년 여성들의 단골 레퍼토리다. 오랜 세월 동안 노력을 해오다가 내가 타인을 변화시킬 수 없음을 드디어 깨닫고 이제야 포기할 수 있다는 표현이다.

물론 상대방을 포기하기 전에 거쳐야 할 단계가 있다. 상대방에 대한 1. 경청과 이해 2. 공감과 소통 3. 수용과 타협 4. 포기와 손절의 단계를 한번은 지나야 한다. 모든 인간관계는 1번과 4번 사이 어디쯤에 존재한다.

1. **경청과 이해.** 상대방과 관계가 시작되는 단계나 연인이 썸을 타는 단계에서는 경청과 이해가 필수다. 갈등이 생겼을 때에도 상대의 말을 일단 들어보면 해결의 실마리가 보인다.

2. **공감과 소통.** 친구나 연인이 서로의 관계가 깊어지면 저절로 들어가게 되는 단계다. 갈등의 원인을 이해하고 서로 같이 노력하면서 풀어가는 단계다.

3. **수용과 타협.** 상대의 단점이 거슬리지만 적당히 포기하고 타협하면서 관계를 유지해나간다. 갈등이 있을 경우 서로 양보나 타협을 통해 합의점을 찾아내는 단계다.

4. **포기와 손절.** 도저히 합의점이 보이지 않으면 관계를 정리하게 된다. 문제 해결을 포기하고 서로의 계약을 끝내는 단계다.

많은 사람이 인간관계에 대한 고민을 하면서 4번으로 가지 못하고 1~3번 사이에서 도돌이표 인생을 살아간다. 결코 짧지 않은 시간 동안 인생의 기회비용을 타인에게 쏟아붓는다. 타인은 바꾸기 어렵다는 것을 드디어 깨달은 사람만이 4번을 향해 나아갈 수 있다.

성공적인 인생을 사는 사람은 타인에 대한 고민으로 머릿속을 채우지 않는다. 1~3번 어디쯤의 풀리지 않는 고민을 오래 끌어안고 살지 않는다는 이야기다. 50대 외식 프랜차이즈 사업가 은수 씨의 머릿속은 온통 음식과 외식 트렌드에 대한 생각으로 꽉 차 있다. 은수 씨도 한때는 사람 고민으로 머리가 복잡했다. 인간관계 때문에 사업이고 뭐고 다 때려치우고 싶었던 적이 한두 번이 아니다. 하지만 몇 번의 시행착오를 겪으면서 사람 보는 안목이 높아져서 악한 사람은 요리조리 잘 피해갔다. 타인에 대해 지나친 기대를 하지 않는 것, 아니다 싶은 사람은 재빠르게 멀리하는 것, 은수 씨가 사람 고민에 에너지를 아껴 온통 사업에만 집중할 수 있었던 비결이다.

나의 내면에 있는 긍정적인 에너지를 세상과 연결하자. 세상과의 연결은 오렌지를 넣으면 오렌지 주스가 나오고 단감을 말리면 곶감이 나온다. 영어 공부를 열심히 하면 토익 성적이 높아지고 학원을 열심히 다니면 어지간한 자격증은 딸 수 있다. 이처럼 세상과의 연결은 나의 노력이라는 상수에 따라 합당한 변수가 튀어나온다. 타인과의 부정적인 관계에 쏠려 있는 나의 에너지를 회수하자. 남는 에너지를 세상과의 긍정적인 연결에 쓰면 나의 인생은 앞으로 나아가며 성장할 수 있다.

내가 사람을
'손절'하는 기준

20대 초반 건우 씨의 화두는 오로지 친구 관계다. 같은 동네에 살던 초등학교, 중학교 때 친구들과 가장 친하며 이들과 때때로 생기는 갈등이 건우 씨를 힘들게 한다. 친구들끼리 술 마시다가 생긴 사소한 다툼으로 건우 씨는 동창 모임에서 나오게 됐다. 그는 싸움을 벌인 친구들의 어떤 면이 마음에 안 드는지를 내게 털어놓았다. 한 명은 전형적인 '강약약강'이고, 한 명은 자기밖에 모른단다. 같은 중학교에 다닌 것이 인연의 시작이고 추억이 많다는 이유로 이제껏 관계를 유지해왔다고, 진작 연락을 끊을 것을 왜 그동안 되풀이되는 갈등을 반복하면서 시간과 에너지를 썼는지 모르겠다고 하소연을 했다.

나는 호의가 아닌
선의로 사람을 판단한다

한참 친구 문제를 얘기하던 건우 씨가 불쑥 나에게 주로 어떤 사람들과 친구로 지내냐는 질문을 해왔다. 가끔 건우 씨처럼 스스로에게 궁금한 것을 나에 대한 호기심으로 치환해서 물어보는 경우가 있다. 나는 꽤 솔직하게 대답하는 편이다. '어떤 사람을 친구로 사귀는 것이 옳은 걸까요?'라는 물음을 돌려 표현하는 것을 알아서다. 건우 씨가 정말로 내 사생활에 관심이 있어서 묻는 것이 아니고, 주위에 이런 질문에 답해줄 어른이나 멘토가 없기 때문에 묻는다는 것을 안다.

"저는 주로 선한 사람들과 친구로 지내요"라고 간단하게 답변했다. 내가 사람을 사귀는 기준은 나에게 보이는 '호의'가 아니고 그 사람 자체가 지니고 있는 '선의'다. 호의가 그 사람이 나에게 갖는 특별한 관심이라면, 선의는 그 사람이 타인에게 일관성 있게 대하는 좋은 성품을 말한다. 나는 누군가가 나에게 아무리 호의를 베풀어도 그 사람이 내 기준에서 선하지 않으면 지인으로 삼지 않는다.

어느 모임에서 만난 또래 한 명이 친하게 지내자며 다가왔지만 유부남과 만난다는 것을 알자마자 바로 거리를 두었다. 종합병원에서 근무할 때 친한 척을 하며 사내 동호회에 끌어들이고자 했던 사람이 같이 일하는 사람들에게 안하무인으로 갑질하는 사람이라는 것을 알게 되었을 때도 모임에서 바로 빠져나왔다. 어느 조직에서 억울한 오해를 뒤집어쓰게 된 적이 있었다. 상황을 잘 아는 친한 지인이, 사람들이 내 험담을 하는 자리에서 나의 입장을 대변해주지 않고 험담에 동조한 것을 알고 관계를 정리했다. 현재 내 곁에 남아 있는 지인들은 제법 오랫동안 내 나름대로 열심히 검증한 사람들이다.

선의로 사람을 사귄다는 건 사람을 자신의 바운더리로 들이는 문턱이 상당히 높다는 뜻이다. 선의를 가진 좋은 사람은 정말 많지 않기 때문이다. 그러나 일단 그런 사람을 만나서 곁에 두면 그들은 돌멩이 속 다이아몬드 같은 존재로 은은히 광채를 내며 그 빛을 나에게 나누어주는 귀한 사람이 된다. 선한 사람들을 곁에 두면 서로가 서로를 믿을 수 있는 안전한 세상에서 살게 된다. 물론 20대에는 사람 때문에 상처도 받았고 힘들기도 했다. 저 사람은 왜 저럴까 머리 아프게 고민도 했으며 인간관계에서 원치 않는 갈등에 휩싸이기도 했다. 그러나 나이가 들면서 선의를 기준으로 사람을 판단하고 손절하고 새로운 관계를 맺으며 살아왔기에 현재의 의미 있는 인간관계를 꾸릴 수 있었다.

선의로 사람을 판단할 때는 누군가를 '손절'하는 것을 두려워하지 말아야 한다. 손절이라고 해서 연락을 끊겠다는 선전포고를 해야 하는 것은 아니다. 그저 그 사람과 서서히 거리를 두면 되니 별다르게 힘들 건 없다.

건우 씨가 다른 질문을 해왔다.

"저는 사람을 판단하는 것은 옳지 않다고 생각했어요. 내가 뭐라고 그 사람을 판단하나요?"

나는 이렇게 답했다.

"저는 정말로 열심히 사람을 판단해왔어요. 물론 세상 모든 사람에게 그럴 필요는 없어요. 그런데 적어도 나의 바운더리에 들이는 사람이라면 어떤 사람인지 보려고 노력했어요. 직원을 뽑거나 결혼할 배우자를 고를 때 노력하는 게 나쁜 건 아니잖아요? 때로는 판단이 틀릴 수도 있지만 그 시행착오도 경험이라는 무형의 자산으로 남더라고요."

손절 말고도 중요한 것은 또 있다. 나는 선의를 지닌 사람이 나에게 보이는 호의를 귀신같이 알아차리고 꼭 붙잡는다. 그런 사람이 보이는 호의에는 망설이지 않고 적극적으로 'YES'라 응답한다. 또 선한 사람에게는 먼저 손을 내밀며 호감을 적극적으로 표시하기도 한다. 누가 내게 어떤 복을 받았느냐고 물으면 나는 한 치의 망설임도 없이 인복이라고 말한다. 정말 좋은 사람들이 가족으로 지인으로 친구로 존재하기에 감사하고 또 감사하다.

인간관계에도
선택과 집중이 필요하다

우리는 타인을 바꾸려는 헛된 노력을 한다. 왜 우리 엄마는 나를 간섭하고 통제하려 드는지 고민하고 엄마를 바꾸려 노력하겠지만 엄마는 평생 변하지 않을 것이다. 왜 우리 회사 과장님은 사람을 함부로 대하는 것인지 이해가 안 되겠지만 시간이 지날수록 과장님의 행동은 더 심해질 것이다. 우리가 할 수 있는 건 타인과의 거리 조정뿐이다. 거리를 조정하면 내가 타인에게 받는 영향을 바꿀 수 있다. 나를 힘들게 하는 친구는 당장에라도 손절할 수 있고 좋은 친구에게는 나 또한 호의를 베풀어 서로 진정한 우정을 키울 수 있다. 서로를 힘들게 하는 배우자와 이혼을 해서 각자의 길을 갈 수도 있다.

　사람과의 거리를 내 입맛에 맞게 주도적으로 해보자. 선한 사람을 내 바운더리 안으로 들이고 선하지 않은 사람은 내 바운더리 밖으로 내보내자. 선의를 지닌 좋은 사람들과의 관계에 나의 시간과 에너지를 쏟아라. 선한 사람을 적극적으로 선택하고 그 사람과의 관계에 집중하라. 인간관계에서도 현명한 선택과 집중이 무엇보다 필요하다.

나이 들면서 친한 친구와
멀어지는 진짜 이유

어떤 사람과 관계 맺고 살아야 행복할까? 가족은 내가 선택할 수 없다. 이것은 나의 운명이다. 그러나 친구나 배우자는 선택할 수 있다. 이것은 하늘이 내린 축복이다. 인생 시즌 1과 달리 인생 시즌 2는 내가 만들어갈 수 있기 때문이다. 불우한 가정에서 태어나 하늘을 원망하며 살았더라도 시즌 2는 절대 포기하지 말자. 방법은 어렵지 않다. 좋은 친구를 사귀고, 좋은 배우자를 만나고, 좋은 지인들을 주변에 두면 된다.

누구와 관계 맺고 살아야 하는가에 대한 통찰력 있는 의견을 본 적이 있다. '어떤 사람을 연인으로 만나면 행복할까요?'

라는 질문에 누군가가 '빡침 코드'와 '웃음 코드'가 비슷한 사람을 만나라는 조언을 했다. 본인의 연애 경험상 이 두 가지가 잘 맞는 사람을 만날 때 가장 행복했다는 것이다. 이 글을 보고 무릎을 쳤다. 가만히 생각해보면 '티키타카'가 되고 결이 잘 맞는 사람들은 바로 분노 코드와 유머 코드가 비슷한 이들이다. 이것은 심리학자들이 공인한 성격 검사인 big 5 이론으로 설명된다. big 5는 인간의 성격을 기술하는 어휘들을 모아서 분석하니 인간의 성격은 크게 다섯 가지로 범주화된다는 이론이다. 각 범주의 특징은 아래와 같다.

	하위 척도	높은 경우	낮은 경우
외향성	낙관적, 적극적, 사교적, 활동적, 즐거움 추구	사람들과 잘 어울리며 열정적임	사람들과 어울리지 않고 조용함
우호성	신뢰, 솔직함, 이타성, 협조적, 온유함	사람들을 잘 믿고 감정이입을 잘함	사람들에게 비협조적이고 적대적임
성실성	유능함, 질서, 의무감, 근면, 자기 절제, 신중함	체계적이고 자발적임	충동적이며 부주의함
신경성	불안, 걱정, 초조함, 적대감, 우울, 자의식, 충동성, 상처받기 쉬움	스트레스를 잘 받고 걱정이 많음	정서적으로 안정됨
개방성	창의적, 비관습적, 상상력, 호기심 많음	창조적이고 독창적임	실용적이고 보수적임

우리가 누군가와
친해지는 이유

2002년에 캐나다의 심리학자인 마이클 애쉬튼Michael C. Ashton 과 한국인 심리학자 이기범은 기존의 big 5의 요인 다섯 가지에 정직-겸손이라는 요인을 더한 여섯 요인 모델인 헥사코 테스트를 제시했다. 헥사코HEXACO라는 명칭은 여섯 개 요인인 정직-겸손Honesty-Humility, 정서성Emotionality, 외향성eXtraversion, 우호성Agreeableness, 성실성Conscientiousness, 개방성Openness to Experience의 앞 글자를 따서 만들었다. 정직-겸손의 점수가 높은 사람들은 성실하고 정직하며 믿음직하고 또한 충직하고 겸손한 속성이 있으며, 낮은 사람들은 교활하고 탐욕스럽고 가식적이고 거만한 속성이 있다. 연구자들은 헥사코 테스트를 통해 친한 친구 사이에 성격적 특성들의 상관관계를 측정했다. 흥미롭게도 절친 간에 외향성, 우호성, 성실성, 정서성 성향은 상관이 없는 것으로 나왔다. 즉 외향적인지 내향적인지, 타인에게 우호적인지 적대적인지, 얼마나 성실하고 계획적인지, 얼마나 불안도가 높고 조심스러운지는 누군가와 친해지는 데 상관이 없다는 것이다. 높은 상관관계를 보이는 척도는 정직-겸손과 개방성이었다.

즉, 인간은 올바름과 공정함에 대한 척도(정직-겸손 척도)가 비슷해야만 진정한 친구가 될 수 있다. 이러한 인간의 가치관과 연결이 되는 요소가 바로 '분노 코드'다. 무상 급식을 보편적 복지로 보는지 대중의 인기를 위한 포퓰리즘으로 보는지에 따라 비슷한 관점을 가진 사람끼리 친구가 된다. 즉 정치와 종교, 역사관과 철학, 기타 개인적 가치관 등이 바로 여기에 해당된다. 위장 전입, 부동산 투기, 불법 탈세를 당연하다 생각하는 부부끼리는 서로 싸울 일이 없을 것이다. 법을 어기더라도 돈만 벌면 된다고 생각하는 사람끼리 모이면 그 어떤 비인도적인 일도 거침없이 한다.

반대로 더불어 사는 세상과 나눔의 가치를 소중히 여기는 사람들은 공정 무역을 지향하고 지구 환경의 파괴를 걱정하면서 서로 모여 작은 일이라도 실천한다. 서로가 지향하는 신념이 같으면 아군이 되어 서로를 지켜준다. 성숙하고 책임감 있는 어른의 세상에서 세상을 바라보는 눈이 비슷해야만 진정한 친구가 되는 것이다.

한편 개방성은 놀이 문화에 해당하며 '유머 코드'와 연결된다. 개방성이 높은 사람들은 지적 탐구를 추구하며 호기심이 많다. 반대로 개방성이 낮은 사람들은 익숙하고 즐거운 활동을 같이 나누는 데 관심이 많다. 전자가 새로운 문화에 열려 있는 사람이라면, 후자는 기존의 관습을 추구하는 것에 만족을 느끼는 사람이다. 그래서 작가나 예술가들은 이 개방성 점수가 높다. 호기심이 많아 지적 탐구를 추구하며 기존의 관습을 거부하고 자신만의 세계를 창조하는 사람들이기 때문이다. 함께하는 대화가 재미없다고 푸념하는 부부들은 바로 이 개방성의 수준이 서로 다른 경우가 많다. 세상을 즐기고 누리는 방식이 비슷해야만 진정한 친구가 될 수 있다.

어린 시절에는 단지 그 동네에 살아서, 같은 학교를 다녔기 때문에 유머 코드, 즉 그 또래의 놀이 문화가 맞아서 친구가 되는 경우가 대부분이다. 그러나 성인이 되면서 분노 코드의 문제가 수면 위로 떠오른다. 나이가 들면 사람을 사귀는 또 하나의 축으로 올바름과 공정함에 대한 척도인 분노 코드가 생기게 된다. 그래서 유머 코드만으로 사귀었던 어린 시절의 친구와 멀어지기도 하고, 유머 코드가 완전히 달라도 분노 코드가 잘 맞는다면 내 바운더리 안으로 끌고 오기도 한다. 반대로 나이가 들고도 여전히 유머 코드만으로 사람을 사귀는 사람들은 남과 자신의 분노 코드 궁합을 맞춰볼 생각을 하지 못한다.

그래서 상대방에게 서운하다, 섭섭하다, 이해가 잘 안 된다는 말을 하면서 그 관계를 정리하지 못하고 이어나간다.

인생 시즌 2는
내가 만들어가야 한다

인생 시즌 2는 내가 만들어가야 한다. 분노 코드와 유머 코드가 맞는 사람들과 만나고 사귀자. 하나는 가치의 문제고 하나는 유희의 문제니 나의 행복을 위해 둘 중 어느 것도 포기하지 말자. 나이가 들면서 내 주변 사람들이 물갈이 되는 건 자연스러운 일이다. 사람이 떠나는 것을 슬퍼하거나 노여워하지 말자. 나의 변화와 성장과 더불어 주변 사람들이 정리되는 것은 마땅한 일이니 말이다.

분노 코드와 유머 코드가 나와 잘 맞는 사람을 내 옆에 두겠다고 다짐하는 건 나의 본질에 충실한 삶을 살겠다는 의지다. 무늬만 남은 가정, 정서적 교류가 전혀 없는 부부, 겉 얘기만 하고 사는 친구는 가정이나 부부, 친구라는 형식만 있을 뿐본질은 존재하지 않는다. 누군가가 부여한 형식적 세계에서 내가 스스로 선택한 본질적 세계로 발을 디뎌보자. 분노와 유머라는 양념을 더해준다면 그 세계는 타당해지며 다채로워질 것이다.

이런 사람을 만나야
인생이 즐겁다

MBTI가 대유행이다. 자기소개를 할 때 사는 곳, 나이를 말하면서 자기 MBTI를 같이 얘기할 정도다. MBTI로 궁합을 보면서 서로 잘 맞는지를 판단하기도 한다. 하지만 사람을 만날 때 MBTI 유형이 맞지 않는 것이 그다지 문제가 되지는 않는다. 일례로 나와 남편은 MBTI의 네 가지가 모두 다른 INTJ와 ESFP이지만 별 갈등 없이 결혼 생활을 유지하고 있다. 같은 상황을 보고 느끼는 고마움, 미안함의 정도가 비슷한 덕분이다. 이런 관계를 맺기까지 내가 정한 몇 가지 확고한 기준이 있다.

한 사람의 도덕성을
주의 깊게 봐야 하는 이유

    상대방을 평가할 때 첫 번째로 봐야 할 것은 그 사람의 도덕성이다. 즉, 상대방에게 어느 정도의 이기심과 이타심이 있는가를 보는 것이다. 스스로의 이익을 위해 타인이 희생하는 것쯤은 당연하며, 들키지 않는다면 법을 어겨도 그만이라고 생각하는지, 타인에게 민폐를 끼치는 것을 경계하고 준법 의식과 공헌 의식이 높은지 등을 살피는 것이다.

    열 살 조카를 숨지게 한 이모 부부, 입양한 아동을 학대해 뇌출혈에 빠뜨린 양부모, 생후 2주 된 아이를 방치하여 목숨을 잃게 한 20대 부부 등 끔찍한 아동 학대 사건의 가해자는 높은 확률로 부모다. 남편과 아내 둘 중 한 명이 최소한의 도덕성을 가졌다면 아이는 살지 않았을까. 층간소음 문제로 이웃에 욕설을 하고 해악을 끼치는 이, 목숨까지 앗아가는 난폭한 데이트 폭력을 저지르는 이, 불법적으로 성을 매매하는 이의 이면에도 도덕성의 결여가 존재한다. 그렇기 때문에 인간관계에서 어떤 문제적 상황에 닥쳤을 때 무턱대고 공감과 소통을 시도하기 전에, 그 사람이 어느 정도의 도덕성과 인성을 가진 사람인지를 바라보고자 애써야 한다.

막 달콤한 연애를 시작한 사람이 우연히 애인이 문제의 커뮤니티에서 활동하는 것을 보고 계속 만나는 게 맞는지 고민하는 글을 본 적이 있다. '개인적으로는 헤어지는 거 추천' '왜 문제인지 모르겠음' '알아서 판단하시길' 등 사람들의 댓글 반응도 뜨거웠다. 이 역시 도덕성 기준의 차이에서 빚어진 갈등으로 보인다. 또 운전할 때 돌발 상황에서 나오는 반응이 난폭하다면, 아랫사람을 대하는 태도가 무례하다면, 그의 도덕성을 잘 살피고 관계를 결정해야 한다. 그런 사람에게 열심히 공감과 소통을 시도하며 상대방을 바꾸기 위해 노력한다면, 그 노력이 수포로 돌아갔을 때 나는 무능력한 사람이며 세상은 힘든 곳이라는 생각이 들게 된다. 우리는 절대 타인을 바꿀 수 없다. 내가 바꿀 수 있는 건 나 자신밖에 없다.

가치가 비슷한 사람은
같은 방향을 향해 간다

두 번째로는 그 사람이 가지고 있는 가치를 평가해야 한다.

가치란 거창하게는 나의 철학이나 사상을, 소박하게는 무엇을 선택할 때 선호하는 경향성을 말한다. 상대방이 어떤 가치를 중요시하는지를 파악하면 상대방을 설득하기 위해 소모되는 불필요한 공감과 소통의 에너지를 절약할 수 있다. 가장 쉽게 알 수 있는 건 정치 성향과 종교다. 사람의 정치 성향과 종교관은 쉽게 바뀌지 않는다. 보수 정당 지지자인 아버지와 정치적 견해의 차로 갑론을박을 하다가 아버지에게 따귀를 맞은 환자의 이야기를 들은 적도 있다. 얼마나 놀라고 당황스러웠을까.

종교도 마찬가지다. 종교가 다른 사람들끼리는 종교에 관한 이야기는 처음부터 아예 시작하지 않는 것이 좋다. 정치와 종교는 묘하게도 이성의 탈을 쓴 감성의 영역에 있어서, 이론적 근거나 논리로 주장하고 논박하는 것이 무의미한 시도에 가깝다. 비단 두 영역뿐 아니라 아파트 매매 문제 같은 일상적 영역에서도 가치는 끊임없이 충돌한다. 아파트를 투자의 대상이 아닌 실거주용으로 보는 남편과 아파트를 여러 채 사고팔아서 자산을 불리기를 원하는 아내 사이에는 갈등이 있을 수밖에 없다. 행복의 가치를 관계에 두는 사람, 자유에 두는 사람, 경제력에 두는 사람은 모두 다른 방향을 향해 가기 마련이다.

한 설문에서 어떤 배우자를 만나고 싶냐는 질문에 많은 미혼자가 배려심이 많은 사람을 만나고 싶다고 답했다고 한다. 사람들은 사람을 사귀거나 결혼을 할 때 자신을 향한 배려심은 중요하게 보면서 삶의 가치는 다음으로 두는 경향이 있다. 어떤 삶을 살고 싶은지, 어떤 가치관과 철학을 가지고 있는지는 그 사람이 가장 중요하게 생각하는 지향점, 최종 목적지를 보여준다. 만약 배우자가 같은 종교를 갖기를 원한다면, 한 사람은 세계를 바꿔야 하는 수고를 겪어야 한다. 취향이나 성격과는 완전히 다른 문제다.

MBTI는 환경에 따라, 나이를 먹으면서 변할 수 있지만 도덕성과 가치는 쉽게 변하지 않는 인간의 특성이다. 그렇기 때문에 관계를 맺을 때 이 두 가지를 중요한 기준으로 살펴본다면 자신의 선택에 크게 후회할 일은 없을 것이다. 만약 상대의 도덕성과 가치관이 나와 크게 어긋난다면 굳이 상대방을 이해하려고 나를 갈아 넣지 않아도 된다. 모두에게 공감하고, 모두를 이해할 필요는 없다. 나와 주변의 소중한 사람들에게 공감하고 그들을 수용하기에도 바쁜 인생이다.

남을 통제하고 싶은 마음은
지옥이다

요즘 여기저기서 많이 들리는 컨트롤 프릭control freak이란 단어는 모든 일을 자기 뜻대로 하고 싶어 하는 통제광을 뜻한다. 통제광은 타인이나 환경을 지배하고 통제하려는 욕망이 강하며 자신의 기준이나 원칙에 어긋날 경우 상대방을 비난하고 폄하한다.

전업주부인 30대 재연 씨는 오늘도 남편에 대한 불만을 이야기한다. 남편이 퇴근 후 게임을 하느라 아이와 놀아주지 않는다는 것이다. 사실 게임뿐만 아니라 남편의 식습관이나 옷차림도 다 못마땅하다. 남편은 회사에서 오자마자 씻고 곧장 밥을 먹은 뒤 쉬고 싶어 하는데 재연 씨는 따뜻한 밥을 차려주고 싶어서 남편이 집에 들어와야만 밥솥의 취사 버튼을 누른다. 자신은 5대 영양소를 고려해 반찬을 만드는데 남편은 메인 요리 하나만 먹는 사람이라서 밑반찬에는 손도 대지 않는다. 재연 씨는 남편이 깔끔하고 단정한 옷을 입기를 원하는데 개발자인 남편은 일하기 편한 옷을 고집하기에 아침마다 실랑이를 한다. 재연 씨는 남편이 자신의 뜻대로 따라주지 않는다며 잔소리를 하고 또 한다.

부부 상담을 하다 보면 어느 한쪽이 다른 한쪽을 끌고 오는 경우가 대부분이다. 재연 씨 또한 부부 상담을 하러 가지 않으면 이혼을 불사하겠다고 남편을 협박해서 같이 상담에 오게 된 경우다. 재연 씨에게는 통제광의 성향이 많다. 이런 통제광이 내 주변에 있으면 피곤하다. 부모가 통제광일 경우에는 자식의 삶을 좌지우지하려 하며, 배우자가 통제광이면 끊임없는 잔소리 때문에 삶이 피곤해진다. 상대방을 통제하려고 하는 사람은 스스로도 괴롭지만 상대방은 몇 곱절이나 더 괴롭다. 그러나 상대방을 뜯어고치려는 노력은 불행히도 매우 헛되며 관계만 악화될 뿐이다. 억압과 통제는 타인을 바꾸지 못한다.

재연 씨는 남편에게 아내가 아닌 엄마 역할을 하고 있었다. 스스로는 인식하지 못하지만 남편이 성숙한 가장이자 배우자가 아닌 말 잘 듣는 착한 아들이 되기를 원하고 있다. 끊임없이 남편에게 잔소리를 하고 원치 않는 사람을 강제로 부부 상담에 끌고 온 것 자체가 갯벌에 모래성을 쌓는 일임을 재연 씨는 모른다. 그 모래성은 밀물과 썰물에 흔적도 없이 사라질 것이다.

재연 씨에게 질문을 했다. "계속 같은 말을 반복하면 남편이 바뀌던가요?" 전혀 아니지만 그래도 끊임없이 잔소리를 들으면 마지못해 따라주기는 한다. 남편이 원하는 대로 밥을 미리 해놓는 건 어떠냐는 말에 남편이 입이 짧아 그나마 밥이 따뜻해야 한 숟가락이라도 더 먹기 때문에 그럴 수 없단다. 반찬을 여러 개 하지 말고 요리 하나만 준비하면 손도 덜 가고 남편도 맛있게 먹을 수 있지 않겠느냐고 물으니 영양소가 부족해서 그러면 안 된단다.

이런 행동들은 재연 씨의 불안에서 시작되었다. 불안이 높을수록 통제하려는 성향이 커지기 때문이다. 어린 시절에 부모가 이혼을 한 후 친척집을 전전하면서 살아온 재연 씨는 자신이 통제할 수 없는 주변 상황에 항상 불안해하며 친척들의 눈치를 보는 삶을 살았다. 그래서 결혼을 한 이후에도 모든 것이 본인의 손바닥 안에서 완벽하게 통제되지 않으면 불안감이 올라와 견딜 수가 없는 것이다.

남을 통제하려는 욕망은
스스로를 불행하게 만든다

인간은 타인을 통제해선 안 되고 통제할 수도 없다. 이 진리를 잊고 사는 사람이 많다. 우리가 하는 수많은 잔소리는 결국 상대방을 내 입맛대로 통제하기 위한 것일 뿐, 궁극적으로 결혼 생활의 행복과는 상관이 없다. 밥이 식은 정도와 반찬의 취향 문제가 두 사람의 행복한 결혼 생활에 미치는 영향은 미미하다. 오히려 결혼 생활의 행복을 위해 나를 바꾸면 자신이 더 불행해질 수 있다. 나의 행복과 가족의 행복이 꼭 일치하지는 않기 때문이다.

기본적으로 인간은 최소 단위인 자기 자신이 행복해야만 그 다음 단위인 가정이 행복하다. 그렇기에 나는 잔소리를 거의 하지 않는다. 큰 문제가 없는 한 행동을 바꿔달라고 상대방에게 요구하지 않는다. 특히나 그 사람의 기본적 습관인 의식주 영역은 터치하지 않는다. 남편은 뒤집어 벗은 양말을 그대로 빨래통에 넣는 버릇이 있다. 두어 번 잔소리를 해봤는데 안 고쳐지기에 바로 포기했다. '이 사람은 빨랫감을 뒤집어놓는 것이 어려운 사람이구나'라고 깨달은 뒤로는 그냥 뒤집힌 양말을 세탁기에 돌린다. 그 상태로 건조기를 돌리고 난 뒤에는 자기 빨랫감을 찾아서 자기 서랍에 넣는 규칙이 있는지라 그때 남편이 양말을 제대로 뒤집든 말든 알아서 할 일이다. 우리는 위생 관념도 서로 다르다. 나는 그리 깨끗한 사람이 아니기에 먼지가 쌓여도 별로 개의치 않지만 남편은 먼지 한 톨 없어야 한다. 남편 또한 나더러 청소하라고 잔소리를 하지 않고 필요하면 자기가 알아서 청소기를 돌린다. 그래서인지 우리 부부는 부부싸움을 거의 하지 않는다. 사소한 집안일로는 아예 해본 적이 없으며, 큰 문제가 있어도 서로의 생각을 합리적으로 전할 뿐 상대방을 바꾸려 들지 않아서 싸움이 되지 않는다.

내가 글을 쓰는 기간에는 남편이 아들을 데리고 시댁과 친정을 방문하며 집안의 각종 경조사를 알아서 챙긴다. 내가 원고를 쓸 때는 시간이 절실하고 마음도 번잡한 것을 잘 알기 때문이다. 상대방에 대한 배려이기도 하지만 상대방을 바꾸려고 하지 않는 마음가짐 덕분이다. 남편이 왜 좋으냐고 누군가가 물으면 내가 있는 그대로 존재할 수 있게 해주는 사람이기 때문이라고 서슴없이 대답한다. 나에게 원치 않는 의무와 역할을 강요하지 않으며 어떤 순간에도 나 자신을 포기하지 않게 응원을 해준다. 나 또한 남편에게 그러려고 노력한다. 남편이 가정만을 위하여 살기를 원치 않는다. 그의 가치관과 철학, 열정과 호기심, 자신만의 독특한 색깔을 잃지 않기를 원한다. 남편도 나에게 세상과 타협하지 말고 정신과 의사로서 작가로서 하늘을 우러러 부끄러움 없는 인생을 살라고 조언한다.

남을 통제하려 들지 말자. 남을 통제하려는 노력은 헛된 발길질일 뿐이다. 말을 우물가에 데리고 올 수는 있지만 물을 먹일 수는 없는 것처럼, 타인을 통제하려는 노력은 상대에게 가 닿지 않기에 상대를 바꿀 수 없다. 나의 불안을 타인에게 전가하지 말자. 타인을 내 불안의 굴레로 데리고 들어오면 그 또한 그 굴레에 끼어 같이 힘들어진다. 오히려 그가 그 자신으로 오롯하게 살 수 있게 해주면, 결국 나의 세상과 그의 세상 모두가 더 넓고 풍요로워질 것이다.

당신은 남을 이해하지 않을 권리가 있다

'저 사람은 대체 왜 저럴까?'
'왜 말을 저렇게 하지?'
'어쩜 저렇게 자기만 알지?'

　이상한 사람을 만나면 누구나 머릿속으로 하게 되는 질문이다. 그나마 학교나 회사 같은 공적인 공간에서 만나는 경우라면 괜찮다. 그곳을 떠나면 어느 정도 물리적 거리가 유지될 수 있으니까. 견디기 힘든 것은 가까운 관계, 예를 들자면 가족에게 이런 끊임없는 물음이 생길 때다. '왜 우리 엄마는 나를 감정 쓰레기통으로 대하지?' '왜 우리 남편은 나한테 막말을 하지?' '왜 아내는 내 말은 하나도 안 듣고 자기 말만 옳다고 하지?' 이렇게 가족이 나를 힘들게 하면 우리는 억지로라도 상대를 이해해보려고 노력한다.

　왜 우리는 나를 힘들게 하는 사람을 이해해보려고 애쓰는 걸까? 이는 진정으로 그 사람을 이해하고 싶어서라기보다는 그를 용서하고 받아들이고 싶다는 내 욕구의 정당성을 확보하기 위해서인 경우가 많다. 예를 들어 배우자가 바람을 피웠을 때 대체 왜 그랬을까 고민하는 것은, 그 이유가 궁금해서라기보다는 배우자의 잘못을 용서하기 위해 그 이유가 필요하기 때문이다. 누군가를 이해하기 위해 우리가 흔하게 쓰는 방법은 그 사람이 지나온 과거의 서사를 들여다보는 것이다. 그가 지금처럼 배려 없게 행동하는 이유가 상처받은 과거에 있을 거라고 지레짐작하면서 말이다. 남을 이해하려는 노력이 지나쳐 자기 자신이 더 피곤해지는 경우다. 쓸데없는 에너지 낭비가 시작되는 것이다. 인간관계에서 필요한 태도는 타인의 서사를 이해하는 것이 아니고 상황을 객관적으로 바라보는 것이다.

타인의 서사를
이해해줄 필요는 없다

우리가 누군가와 관계를 맺는 건 지금, 현재, 여기에서 일어나는 일이다. 회사 상사가 어린 시절에 부모에게 학대당하면서 자랐다고 해서 부하 직원에게 막말과 욕설을 하는 게 정당화될 수 있을까? 오늘 아침에 부부싸움을 했다고 해서 김 대리에게 짜증을 내도 되는 걸까? 회사 상사가 어린 시절 부모와의 관계에서 쌓인 분노와 아내와의 갈등을 엉뚱한 곳에 화풀이한다면 한강에서 뺨 맞고 종로에서 눈을 흘리는 격이다. 내 안에서 스스로 소화하지 못하고 남은 감정의 찌꺼기를 타인이 이해해주리라 기대해서는 안 된다. 또한 나도 타인의 감정 찌꺼기를 감당해야 할 의무는 없다.

때로 우리는 이해를 강요받을 때가 있다. 입사 후 주말을 반납하면서까지 최선을 다한 직원이 최근 회사의 정기 인사에서 불이익을 당했다고 해보자. 과장으로 승진할 차례였는데 오너 패밀리 한 사람이 그 자리에 발령받게 된 것이다. 이때 상사로부터 "대표님이 워낙 가족 사랑이 남다르신 분이잖아. 이해해줘"라는 말을 듣게 되면 어떨까?

우리가 무심코 사용하는 "네가 이해해"라는 말은 얼마나 폭력적인가? 이해는 남이 강요한다고 해서 되는 것이 아니다. "네가 이해해"라는 말은 겉으로는 상황을 포용하라는 조언 같지만 실은 '너의 불편한 감정과 불합리하다는 생각을 포기해'라는 갑질이다. 우리는 미국의 심리학자 마누엘 스미스Manuel Smith의 말을 기억해야 할 것이다. "당신은 남을 이해하지 않을 권리가 있다."

과도하게 높은 타인 감수성과
지나치게 낮은 자기 감수성

타인의 서사를 깊이 이해할 필요는 없다. 물론 나는 정신과 의사라는 직업적 필요에 의해 의사-환자 관계 안에서는 그 누구라도 이해하려고 노력한다. 그러나 나처럼 특수한 경우에 있는 사람이 아니라면, 자기 자신의 서사만 이해하면 된다. 왜 나는 수차례 바람을 피운 남편과 헤어지지 못하는 것인지, 왜 남편에게 과하게 의존하는 삶을 사는 것인지 스스로를 이해해야 한다. 왜 나는 남들에게 할 말도 제대로 못하면서 눈치를 보고 사는 사람인지, 왜 나는 인간관계에서 타인에게 듣게 되는 부정적인 피드백에 힘들어하는 사람인지 고민해야 한다. 그런데 우리는 거꾸로 한다. 나의 경계를 침범하고 무례하게 대한 타인은 억지로 이해하려고 노력하면서 나는 들여다보려 하지 않는다. 불편하고 힘들다 외치는 나의 감정은 무시한다. 과도하게 높은 타인 감수성과 지나치게 낮은 자기 감수성으로 삶을 살아간다.

타인에게서 오는 부정적인 에너지에 과도하게 집중하면 자신의 내면에서 나오는 긍정적인 에너지가 말라간다. 상황과 맥락을 고려하는 객관적 이성은 그 어디에서도 찾아볼 수 없다. 잘 생각해보면 타인이 무례하고 나는 억울한 상황에 처해 있는 것이 객관적 현실인데 상대방을 이해하면서 무조건 나의 잘못을 찾는다. 그래서는 안 된다. 객관적이고 합리적인 타인 감수성과 자기 감수성을 지닌 사람만이 너와 내가 더불어 함께 사는 우리의 세상에서 행복할 수 있다.

5장

생각 속에서 빠져나와
진짜 인생을 살아라

세상과 연결되어
재미있게 살고 싶은
당신에게

인생의 공허함에서
해방되는 법

"우울증이 낫지 않아요. 약이 안 맞는 것 같아요."

약을 바꿔달라는 이경 씨에게 내가 묻는다.

"잠을 못 주무시나요?"
"아니요."
"식사를 못 하시나요?"
"아니요."
"무기력하신가요?"
"아니요."

"집중력이나 기억력이 떨어지시나요?"
"아니요."

우울증 진단 검사에 따르면 이경 씨는 우울증이 아니다. 그러면 나는 다시 묻는다.

"우울한 게 아니라 사는 게 재미없는 거 아니세요?"
"맞아요. 재미있는 게 없어요."

"사는 게 공허하고 의미가 없는 거죠?"
"바로 그거예요. 제가 왜 사는지 모르겠어요."

무료함과 공허함을 우울증으로 치부해버리는 사람들이 있다. 손쉽게 약의 힘을 빌리려 하는 것이다. 나는 그들에게 재미없고 공허한 기분을 낫게 해주는 항우울제는 없다고 말한다. 약으로 해결될 문제가 아니라고 덧붙이면서. 그래도 약을 바꿔달라고 하는 경우에는 한마디 더 보탠다. 그건 항우울제의 영역이 아니고 마약의 영역이라고. 실제로 어떤 사람들은 삶이 무료하고 재미없어지면 자극과 쾌락을 좇아 마약을 찾는다. 이것은 스스로 해결해야 할 문제다.

공허함을 느끼는 사람은
"잘 모르겠다"라는 말을 자주 한다

이경 씨가 자주하는 말은 "잘 모르겠어요"다. 남편이랑 사이가 좋으냐는 질문에도 모르겠다고, 시어머니가 지나치게 간섭할 때는 어떤 기분이냐고 물어도 모르겠다고 대답한다. 어려서부터 엄격한 부모에게 평가당하며 살아왔던 이경 씨는 자기 욕망으로 살아본 적이 없다. 형제들의 모범이 되어야 한다는 부모의 요구에 전형적인 K-장녀로 살았고 미성숙한 엄마의 하소연을 듣는 감정 쓰레기통 역할을 계속 해오고 있으며 시댁에서 요구하는 과한 며느리 도리를 해왔을 뿐이다. 누구도 이경 씨의 삶에 관심을 기울이지 않았으며 이경 씨 또한 자신이 누구고 뭘 좋아하고 뭘 원하는지 관심을 갖지 않았다. 좋은 딸, 좋은 아내, 좋은 엄마가 되어야 한다는 생각만 머리에 가득했다. 이경 씨는 이 나이가 되도록 자신이 어떤 사람인지 모르겠다는 말을 한다. 그 누구도 이경 씨에게 무엇을 원하는지 물어보지 않았고, 자기 자신으로 살아야 한다는 조언을 해주지 않았다. 어느 날은 자기 인생이 대체 무엇을 위한 것이었는지 모르겠다며 눈물을 흘렸다.

인생에 공허함을 느끼는 사람은 "잘 모르겠다"라는 말을 자주 한다. 무엇을 좋아하느냐는 질문에도, 무엇을 싫어하느냐는 질문에도. 질문의 영역을 좁혀서 좋아하는 지인, 좋아하는 연예인, 좋아하는 취미를 물어도 역시 "잘 모르겠다"라고 답한다. 자기가 좋아하는 것이 무엇인지 잘 모르고 사는 것이다. 그러니 뭘 해도 재미가 없는 것이 당연하다. 자신이 추구하는 것이 뭔지 모르니 그냥 살아간다.

'남들도 다 이렇게 사는 거 아니에요?' '사는 게 뭐 별거 있나요?' 같은 질문을 던지는 그들은 지극히 염세적이다. 다른 사람들도 모두 자기와 비슷한 삶을 살 거라고 여기기에 그들에게 세상은 밋밋한 무채색이다.

사람은 자신의 욕망을
잘 알고 실현할 때 행복하다

우크라이나와 러시아의 전쟁이 앞으로 어떻게 될 거 같냐는 질문에 "모르겠다"라고 하는 대답은 솔직한 답변이다. 그러나 자신에 대한 질문에 "모르겠다"라고 답하는 건 스스로의 기호, 적성, 흥미, 취미, 나와 잘 맞고 좋아하는 부류의 사람 등

등 나의 정체성을 모른다는 대답이다. 자신이 무엇을 좋아하고 무엇을 추구하는지 아는 사람은 자신의 욕망을 잘 아는 사람이다. 사람은 자신의 욕망을 잘 알고 실현할 때 행복하다.

물론 사람마다 욕망은 다 다르다. 돈을 많이 벌고 싶은 사람도 있을 것이고 인스타그램에서 팔로워를 늘리고 싶은 사람도 있을 것이다. 뭐든 괜찮다. 남에게 피해만 안 끼치면 된다. 욕망이 있다는 것은 인생에 긍정적 욕심이 있다는 의미이기 때문이다. 원하는 것이 없으면 삶이 심심하고 재미없어진다. 그래서 인간은 '호모 욕망쿠스'로 살아야 행복할 수 있다.

욕망만 있다고 행복하지는 않다. 그 욕망이 실현되어야 행복하다. 그러려면 인간은 노력이라는 것을 해야 한다. 부자가 되려면 돈을 많이 벌기 위해 노력해야 하고 유튜버로 성공하려면 편집부터 홍보까지 꾸준하게 노력해야 한다. 그래서 인간은 가지고 있는 욕망을 추구하기 위해 '호모 노력쿠스'가 되어야 한다. 그다음 단계는 자연스럽게 찾아온다. 욕망도 알고 있고 노력을 해서 그 욕망을 실현한 단계가 오면 당연히 행복하다. 내일이 기대되고 오늘 하루를 계획하고 실행하느라 하루가 짧다. 무채색이 아닌 알록달록한 세상에 살게 되는 단계다. '호모 재미쿠스'의 삶을 사는 것이다.

　　나는 인생의 공허함을 느끼는 사람들의 최종 목표지가 '호모 재미쿠스'가 되어야 한다고 생각한다. 호모 재미쿠스의 단계는 단순히 재미만을 추구하는 과정이 아니다. 이 단계에서 우리는 자신의 욕망을 파악하고, 그것을 추구하는 과정에서 내가 누구인지 알 수 있게 된다. 나는 무엇을 위해 인생을 사는가? 내 삶의 가치와 의미는 무엇일까? 자기가 무엇을 좋아하고 추구하는지 알아보자. 추구하는 삶의 의미와 가려는 방향성이 일치하면 인간으로서 더할 나위 없는 행복감을 누릴 수 있다. 또한 자기가 무엇을 좋아하고 추구하는지 알게 되면 단호하게 'NO'라고 말할 수 있게 된다. 내가 하고 싶은 일을 적극적으로 선택하기에 "좋아요"나 "싫어요", 혹은 "하고 싶어요"나 "하기 싫어요"라고 답할 수 있다. "잘 모르겠어요"라는 대답은 저절로 사라진다.

　　"잘 모르겠다"라는 대답을 조금씩 줄여나가자. 자신에 관한 간단한 질문에도 답하지 못하는 순간을 의식하자. 모르겠다는 습관적인 대답을 지양하고 나를 표현하는 연습을 해보자. 만약 아무도 나에 대해 묻지 않는다면 종이를 꺼내 스스로 질문하고 스스로 대답해보자. 나의 성격, 나의 목표, 좋아하는 것, 싫어하는 것, 갖고 싶은 것 등등. 처음에는 정말 모른다는 생각이 들 수도 있지만 이 작업에 시간을 쏟아보면 자기 안에 꺼내고 싶은 말들이 나온다. 이렇게 무채색 세상을 조금씩 색칠해보자. 무료함과 공허함이 들어올 공간이 없는 재미있는 하루가 당신에게 찾아올 것이다.

공감 능력에도
연습이 필요하다

대화를 나누다 보면 상대방을 맥 빠지게 만드는 유형의 사람이 있다. 무슨 이야기든 자신의 얘기로 끌고 들어가는 사람이다. 나의 힘듦을 토로하려 하면 자신의 힘듦으로 맞장구를 치면서 나의 입을 닫게 하는 식이다. 그런 유형의 사람에게 필요한 것은 적극적 2인칭 시점으로의 전환이다. 누군가를 위로해줄 때는 나의 주관적 1인칭도, 객관적 3인칭도 필요 없다. 상대방의 귀로 듣고 상대방의 눈으로 보며 상대방의 가슴으로 느끼려는 2인칭 시점이 필요하다. 우리는 이러한 자세를 '공감'이라 말한다.

내가 힘들 때 누군가가 나를 2인칭 시점으로 따뜻하게 바라봐주면 큰 힘을 얻는다. 내 감정과 생각이 잘못되지 않았다는 것을 인정받았기 때문이다. 이렇게 타인이 내게 준 공감의 힘은 위로를 넘어 내 존재에 대한 확신으로까지 다다른다. 내가 무슨 행동을 했기 때문에 가치 있는 사람이 아니라, 나의 존재 그 자체로 의미 있는 사람이 된다. 그렇기에 우리는 자기 존재의 타당성을 부여해주는 사람과 진정한 관계를 맺게 된다.

우리가 살면서 적극적으로 2인칭 시점으로의 전환을 활용할 때는 부모의 역할을 해야 할 때다. 의사 표현을 제대로 하지 못하는 어린아이일수록 부모의 2인칭 시점이 절실하다. 갓난아이가 울고 있는 상황을 그려보자. 분유도 든든히 먹였고 기저귀도 보송보송하며 방의 온도 또한 적당한데 아이가 계속 운다면 부모는 원인을 찾기 위해 골몰한다. 옷 뒤에 붙은 상표 태그가 피부에 거슬리나 싶어 잘라보기도 하고 아픈 데가 있나 싶어 몸 구석구석을 살펴보기도 한다. 대부분의 부모는 이 단계까지는 아이의 쾌적함을 위해 최대한 노력하며 별다른 능력의 차이를 보이지 않는다. 그러나 단순히 아이의 신체적 불편함만을 알아차리면 되는 시기가 지나면 부모의 능력이 자식의 감정과 사고를 살피는 데까지 확장되어야 한다. 아이의 자아가 성장하기 때문이다. 내 아이가 언제 속이 상하고 언제 행복해하는지 살펴야 하고, 성격의 장단점과 기질, 재능까지 관찰해야 하는 시기다.

바로 이 시기에 2인칭 시점으로 전환하는 능력이 떨어지는 부모를 둔 자식들은 상처를 받고 외롭게 자란다. 미대가 가고 싶은 자식의 희망은 아랑곳하지 않고 판검사가 되어야 한다며 성적을 올리라고 닦달하는 아빠, 가정형편이 어려운 아이와 친해진 것을 알고는 그런 친구와 사귀면 인생에 도움이 안 된다며 거리를 두라는 속물적 엄마. 이들이 모두 2인칭 시점으로 전환하는 능력이 떨어지는 부모다. 이렇게 부모의 욕망이 반영된 1인칭 시점과 순전히 부모 기준에서의 3인칭 시점에서 자라난 자식들이 한국 사회에는 많다. 그렇게 자라서 성인이 된 사람들은 자신의 감정과 생각에 확신이 없고 자기가 무엇을 좋아하는지도 잘 모른다. 성인이 되어도 내 인생이 과연 제대로 가는 것인지 알지 못하는, 자존감이 낮은 사람이 되는 것이다.

234

공감 능력을 잘 발휘하는
사람들의 두 가지 특징

상대방의 이야기에 귀를 기울이며 2인칭 시점으로 쉽게 전환하는 사람은 대인관계 능력이 뛰어나다. 인간은 누구나 내 이야기를 잘 들어주고 나의 감정을 알아주는 사람에게 호감을 갖는다. 이 능력은 공적인 영역에서는 리더십으로 발휘되고 사적인 영역에서는 친구, 배우자, 부모로서 큰 장점이 된다.

이 능력이 발달한 사람들에게는 두 가지 특징이 있다.

첫째, 상대방으로부터 2인칭 시점으로의 공감을 받아본 경험이 많다. 내 감정과 생각을 이해받아본 사람만이 타인을 향해 공감 능력을 발휘할 수 있다. 자라면서 나를 따뜻하게 바라봐준 부모 밑에서 자란 사람이 아이를 따뜻하게 바라보고 공감하는 부모가 된다. 아이일 때에 자연스럽게 보고 느끼고 체험했기에 저절로 내 안의 능력으로 탑재된 것이다. 정신과 의사들은 전공의 수련 기간 동안 내담자가 되어 정신분석을 받기도 한다. 스스로의 무의식과 정신역동을 이해해보려는 정신분석 원래의 목적과 더불어, 역지사지해 환자 쪽의 입장도 이해해보려는 것이다.

둘째, 스스로를 1인칭 시점에서 바라볼 수 있는 능력이 있다. 스스로에게 어떤 감정과 생각이 있는지 알지 못하면서 어떻게 타인의 감정과 생각을 읽을 수 있겠는가? 미국의 심리학자 윌리엄 제임스William James는 자아를 I와 me로 구분했다. me는 제3자가 나를 보는 관점을 뜻한다. 어떤 학교를 나왔고 사는 지역은 어디인지 등의 객관적 정보다. I는 나를 규정하는 나의 본질을 말한다. 취향은 어떤지, 인생에서 무엇을 중요시하는지, 궁극적으로 어떤 삶을 추구하는지에 대한 주관적 정보다.

본질을 만나야
행복해진다

나의 본질을 알고 추구하는 사람만이 타인의 본질을 알아볼 수 있다. 반대로 항상 객관적 데이터로 타인을 평가하고 비교를 통해 줄 세우기를 일삼는 사람들은 스스로에 대해서도 그 서열로만 자신의 위치를 가늠할 뿐 자신의 내면적 본질인 I에 대해서는 잘 알지 못한다. 반대로 자신을 I로서 잘 아는 사람은 자신과 비슷한 본질적인 I를 가진 사람과 어느 순간 통하

는 느낌을 받게 되며 영혼이 공명하는 전율을 느낀다. 나의 I
와 너의 I가 만나야만 진정한 인간관계의 역사가 시작되는 것
이다. 나의 세상이 그의 세상과 만나 새로 만들어낸 세상은 풍
요롭고 다채롭다. 이는 본질을 추구하는 사람들만이 알고 있
는 또 다른 세상이다.

누군가를 만나면 열과 성을 다해 2인칭 모드로 전환해보자.
그 사람이 나와 결이 잘 맞는 사람이라면 기꺼이 나에게 2인
칭 시점을 되돌려줄 것이다. 내가 요새 흥미를 가지고 있는 일
은 무엇인지, 어떤 일에 속상해하는지 세심히 관심을 기울여
줄 것이다. 나에게 진심 어린 2인칭 시점을 보여주는 사람이
단 한 명이라도 있다면 인생은 그런대로 살 만하다. 또 me가
아닌 I를 열심히 고민해보자. 내가 무엇을 좋아하고 무엇을 추
구하고 사는 사람인지 스스로에게 설명해보자. 그런 다음에야
타인의 본질이 보일 것이다.

내 본질의 I를 설명할 수 없는 사람은 타인의 본질 또한 보
지 못한다. 나에게 조금 잘해주는 사람이 있으면 관계를 맺으
며 스펙만 보고 덜컥 결혼한 뒤에 성격이 안 맞는다며 이혼을
한다. 이처럼 서로의 본질이 만나지 못하면 친구가 있으나 공

허하고 배우자가 있어도 외롭다. 많은 사람이 외롭다는 이유로 친구나 연인을 만나고, 결혼 적령기에 만난 적당한 사람과 결혼한다. 서로가 서로를 객체로서 보며 수단으로 여긴다. 그래서는 안 된다. 인간관계는 너와 나라는 주체가 만나 서로의 목적이 되어서 각자의 본질과 만나야만 행복해진다. 그래야 1+1이 만나 2.5의 시너지를 내는 놀라운 마법이 시작된다. 나를 2인칭 시점으로 봐주는 사람을 곁에 두자. 나 또한 상대방에게 그런 사람이 되자.

내 세계를 넓혀주는
사람을 만나라

고등학생 민우 군은 학교 폭력 사건으로 전치 10주의 부상을 입은 피해자였다. 충격으로 악몽을 꾸었으며 매사에 집중을 못 하고 수시로 깜짝깜짝 놀라는 전형적인 PTSD 증상을 보여 병원을 찾았다. 더욱이 학폭 위원회가 열리는 과정에서 보인 학교 측의 무책임한 태도와 청소년 보호법을 적용해 가해자에게 온건한 처벌을 내린 1심 판결에 크게 상처를 받았다고 한다. 다행히 2심에서 좋은 판사를 만나 센 형량이 주어졌고, 힘든 재판 과정에서도 적극적으로 지지해준 부모님과 가해자의 엄벌을 청원하는 탄원서를 써준 친구들 덕분에 버틸 수 있었다는 이야기를 해주었다. 그리고 다음 학년에는 민우 군의 사정을 세심하게 살피는 담임 선생님을 만나 마음의 상처를 조금씩 회복해 반장 선거에 나가는 등 본래의 모습을 찾아갔다. 사람에게 상처를 받은 민우 군은 사람으로 상처를 치유받았다.

심리학계에서 널리 회자되는 유명한 연구가 있다. 미국의 심리학자인 에미 워너Emmy Werner는 하와이 카우아이섬에서 태어난 신생아 833명을 엄마 배 속에 있을 때부터 30년이 넘게 추적 조사하는 대규모 프로젝트를 진행했다. 그중 이혼 가정, 알코올중독이나 정신질환이 있는 부모, 가정 불화가 심하고 경제적으로 열악한 환경에서 자란 201명의 아이들을 '고위험군'으로 분류했는데, 이들 중 3분의 2는 폭력 사건에 연루되거나 범죄를 저지르는 등 사회 부적응자로 살았지만 3분의 1인 72명은 사회에 잘 적응하여 훌륭하게 성장하였다. 에미 워너는 이 72명에 주목했다. 이들이 어려운 환경 속에서 역경을 극복할 수 있었던 비밀은 무엇이었을까. 그는 그 힘을 회복 탄력성resilience라 명명했다. 그리고 회복 탄력성의 핵심에는 힘든 환경에서도 아이의 입장을 무조건적으로 지지하고 이해해주는 어른이 적어도 한 명은 있었다는 사실을 발견했다.

민우 군은 평소에 자기 조절 능력이 뛰어나고 친구들과 대인관계가 좋았으며 항상 긍정적인 학생이었다. 그리고 주위에 인성이 훌륭한 부모님과 의욕 넘치는 담임 선생님이라는 인생의 멘토가 있었다. 비록 힘든 일을 겪었지만 민우 군은 소중한 사람들이 곁에 있다는 사실을 알게 되었다. 민우 군에게는 그동안 자신이 받은 관심과 애정을 누군가에게 돌려줄 수 있는 사람이 되고 싶다는 목표가 생겼다. 민우 군은 이 사건을 겪어내며 잃은 것보다 얻은 것이 많다고 말한다.

사람에게 받은 상처는
사람에게서 치유받는다

우리에게 인간관계는 꼭 필요하다. 좋은 인간관계가 밑바탕이 되어야만 스스로가 가진 회복 탄력성이 자라날 수 있다. 인생을 살면서 누구든 크고 작은 역경을 반드시 거쳐야 하며 그 역경을 이겨낼 수 있는 사람이 인생의 진정한 행복을 누리기 때문이다. 그런데 문제는 많은 사람이 좋은 인간관계가 아닌 나쁜 인간관계에서 안식과 위안, 지지와 구원을 구한다는 것이다.

사람에게 기대하는 것은 위험도가 크다. 믿었던 친구가 뒤통수를 치고, 믿었던 애인이 양다리를 걸치고, 믿었던 배우자가 이기적으로 변하면서 남보다 못한 사이가 되는 것을 우리는 수시로 보고 듣고 경험한다. 인간은 단지 한 면으로 규정할 수 없는 복잡다단한 존재고 때때로 닥치는 상황에서 어떤 방향으로 튈지 예측할 수 없으며 때때로 그 예측은 나의 상상 범위를 훌쩍 뛰어넘기 때문이다. 개연성 없이 자극적이기만 한 아침드라마가 주위에서 벌어지는 현실이라는 것을 정신과 의사로 살면서 알게 되었다. 좋은 사람은 생각보다 많지 않으며 나쁜 사람은 주변에 수두룩하다. 그래서 우리는 살면서 좋은 인간관계와 나쁜 인간관계를 열심히 분류해내고 타인과의 거리를 조정할 줄 알아야 한다. 내 주변이 좋은 사람으로 둘러싸여 있어야 나 또한 긍정적이고 좋은 에너지를 주고받으며 행복할 수 있다.

좋은 사람을 알아보려면 두 눈을 크게 뜨고 열심히 잘 살펴보는 수밖에 없다. 그 사람이 높은 자리에 올라갔을 경우 아랫사람들을 대하는 태도가 어떠한지를 봐야 한다. 약자를 대할 때 쓰고 있는 가면이 벗겨지는지 말이다. 또한 본인의 이득과 상대방의 이득이 서로 상충될 때 어떤 방식으로 문제를 푸는지 봐야 한다. 찰나의 순간, 포착되는 그 사람의 속내를 열심히 들여다봐야 한다. 보고자 하면 보이고 안 보고자 하면 보이지 않는다. 나는 사람을 판단하고 평가하지 말라면서 공감과 소통을 강조하는 사람들을 보면 이해가 잘 안 된다. 직원을 뽑을 때는 서류 면접을 거치고 1차, 2차, 3차 면접까지 보면서 어떤 사람인지 살피는 것이 당연한데 왜 사적인 관계에서는 그리하면 안 된다고 가르치는지 말이다.

또 좋은 사람을 만나기 위해서는 나쁜 사람이나 나와 결이 안 맞는 사람과의 연을 정리해야 한다. 빈자리가 있어야 좋은 사람이 들어올 수 있기 때문이다. 양다리를 걸치는 애인과 헤어져야지만 인성 좋고 배려심이 뛰어난 이성에게 곁을 줄 수 있다. 좋은 사람과 깊은 인연을 맺는 데에 에너지를 쓰는 것만으로도 시간은 모자란다.

사람은 사람으로만 치유를 받고 행복을 느낀다. 그러니 좋은 사람을 선택할 수 있는 안목을 열심히 기르자. 적극적으로 좋은 사람의 이름을 불러주자. 그는 나에게로 와서 나의 꽃이 될 것이다. 나의 인생에 고아한 자태를 뽐내며 좋은 향기를 풍길 것이다. 나를 풍요롭고 행복하게 만들어줄 것이다. 나 또한

상대방에게 의미 있는 꽃이 되자. 내가 한 사람의 세계를 풍요
롭게 만들어준다면 그 또한 인생의 큰 의미이리라.

미치도록 좋아하는 것 하나가
바꾸는 것들

나는 덕질의 달인이다. 좋아하는 것이 자주 바뀌기는 하지만 늘 무언가를 좋아하고 있다. 넷플릭스도 보고 웹툰도 보고 책을 읽는 시간이 가장 행복하다. 좋아하는 웹툰이 올라오는 요일을 기다리고, 판타지 소설의 출간을 기다린다. 좋아하는 작가의 그림을 사서 병원에 걸어놓으면 그렇게 뿌듯할 수가 없다. 덕질을 도와주는 아이패드나 전자책 리더기 같은 기기에 돈을 아끼지 않는다. 책 수집벽도 있어서 이중으로 꽂은 책장이 모자라 박스에 넣어서 창고에 보관 중인 박스도 많다. 은퇴하면 읽으려고 차곡차곡 모아둔 책이다.

글을 쓰는 일도 나는 덕질처럼 한다. 원고를 쓰다가 궁금증이 생기거나 내가 말하고자 하는 주제가 옳은 것일까 의심이 생기면 논문과 참고 서적을 뒤지며 수많은 저자와 사적으로 은밀하게 만나는 상상을 한다. 새롭게 떠오르는 이론이 있으면 무릎을 치며 세상은 넓고 천재는 많다고 감탄한다. 아무리 공부해도 끝이 없겠구나 싶은 막막한 마음과 탐험할 영역이 아직도 많구나 싶은 기대감이 동시에 밀려든다. 덕질하듯 글을 쓰는 시간은 나만의 '지적 유희'를 즐기는 과정이다. 좋아하는 마음이 있으면 외롭고 막막한 글쓰기 작업도 즐길 수 있다.

감사하게도 나는 덕질에 특화된 성향을 모두 지니고 있다.

첫째, 지극히 내향적이다. 내향introversion은 내부 세계의 개념에 에너지를 쓰는 사람을 말한다. 즉, 관심사가 외부에 있는 외향형들은 사람들을 활발히 만나며 자신을 잘 드러내고, 관심사가 내부에 있는 사람들은 혼자 있는 시간을 좋아하고 자신을 잘 드러내지 않는 사람들이다. 나는 에너지가 내부로 향해 있는 동시에 사회성이 떨어져서 주로 집에서 혼자 할 수 있는 것으로 나의 관심사를 한정했다.

둘째, 긍정 정서성positive affectivity이 높다. 긍정 정서성은 즐거움과 기쁨을 더 잘 느끼는 능력을 말한다. 긍정 심리학자들은 사람마다 타고난 긍정 정서성이 있으며 여기에는 유전이나 기질이 절반 가까이 작용한다고 본다. 이 긍정 정서성은 외향인들에게 더 많은 것처럼 보일 수밖에 없다. 사람을 만나고 일을 벌이고 삶을 확장시키는 사람들이 외향인들이기 때문이다. 그러나 나 같은 내향인들도 충분히 긍정 정서성이 높을 수 있다. 나는 훌륭한 작가의 작품을 적극적으로 향유할 수 있는 능력을 타고났다. 방에서 즐기는 소박한 취미 생활들에서 나는 무한한 기쁨을 느낀다.

셋째, 개방성이 높다. 앞에서 언급했던 big 5 검사의 다섯 요인 중 하나인 개방성이 높으면 호기심이 왕성하고 탐구를 즐긴다. 덕질을 하는 데 호기심만큼 중요한 성향이 또 있을까? 계속 궁금해하지 않으면 지속할 수 없는 게 덕질이다. 콘텐츠 하나에 꽂히면 며칠간 그것만 파면서 새로운 사실들을 알아내고 거기서 또 새로운 즐거움을 찾아낸다. 새로운 것을 접하고 탐구하고 학습하는 데 게으르지 않다는 점은 내가 늘 자랑스럽게 여기는 나의 장점이다.

넷째, 신경성이 높다. 이 또한 big 5 검사의 요인 중 하나다. 신경성이 높은 사람은 불안도가 높고 예민하며 걱정이 많다. 그리고 이 신경성은 부정 정서성negative affectivity과도 관련이 높다. 신경성이 높은 사람들은 각종 우울 장애나 불안 장애에 걸리기 쉽기 때문이다. 나는 부정 정서의 영향을 많이 받는 사람이라서 나와 안 맞거나 내게 부정적인 정서를 옮기는 사람들을 적극적으로 차단하는 데 탁월하다. 내 주위를 좋아하는 것들로 채우는 데 몰두하는 것은 나를 지키기 위함이기도 하다.

좋아하는 마음을
무럭무럭 키우자

병원에 오는 분들에게 "무엇을 좋아하세요?"라고 물으면 쭈뼛쭈뼛한다.

"그냥 넷플릭스 보는 거요."
"어떤 것을 주로 보세요?"
"그냥 이것저것 찾아서 봐요."
"그걸 보고 있으면 스트레스가 풀리나요?"

"시간이 잘 가니 그냥 보는 거예요."

"뭐 하고 있을 때 행복하세요?"

"친구들하고 맥주 마시고 수다 떨 때요."

"그 순간이 행복하신가 봐요?"

"그냥 그 시간이 순간적으로 재미있는 거예요. 그런데 집에 가면 외롭고 공허해요."

"그럼 재미있는 순간 말고 행복한 순간은 없나요?"

"행복이 뭔지 모르겠어요."

"살면서 스스로에게 의미가 있다고 생각되는 일은 무엇인가요?"

"한 번도 그런 적이 없어서 잘 모르겠어요."

자신이 무엇을 좋아하는지 모르면 세상이 흑백으로 보인다. 우울하고 불안할 때는 남들이 아무리 재미있다고 하는 영화나 드라마도 하나도 눈에 들어오지 않는다. 머릿속 생각들이 하염없이 복잡하기에 그 외에 것이 들어갈 공간이 없는 것이다. 나는 이들에게 좋아하는 것을 만들어보기를 권한다. 나처럼 집 안에 박혀서 안 나가도 괜찮다. 굳이 사람들을 만나야 한다는 압박을 느끼지 않아도 된다. '덕후'라 불려도 괜찮다.

집에만 있는 나를 보고 외향적인 친구들은 도대체 무슨 재미로 인생을 사느냐고 묻는다. 정말 아무것도 모르는 소리다. 자기 자신한테 몰입하는 것을 멈추고, 좋아하는 것에 몰입해보자. 나만의 재미와 즐거움으로 세상과 조용히 연결되자. 흑백 영화 같던 인생이 알록달록해질 것이다.

인생을
향유하라

행복한 사람들이 잘하는 것이 있다. 그들은 긍정적인 경험을 음미하고 즐길 줄 안다. 부정적 사건에 잘 대처하는 능력도 중요하지만 긍정적 경험에서 삶의 즐거움과 기쁨을 발견하는 것도 큰 능력이다.

미국 로욜라대학의 심리학과 교수인 프레드 브라이언트Fred Bryant는 행복을 누리는 방법으로 '향유하기'를 제안한다. 향유란 긍정적인 경험을 자각하여 충분히 느낌으로써 행복감이 증폭되고 지속되도록 의도적인 노력을 기울이는 것을 말한다. 음식, 예술, 자연, 사랑 등 삶의 모든 것에서 긍정성을 찾아내고 의미를 발견하는 것이다. 향유는 지금, 여기에 머물 수 있는 사람만이 순간적으로 느끼는 긍정 감정이다. 향유를 잘하는 사람은 삶의 만족도가 높고 낙관적이며 부정 정서가 낮다.

인생을 향유하는 사람은 좋은 경험을 하는 순간에 몰입해 심취하고 즐거워한다. 그리고 그 경험을 제공해준 대상에 고마움을 느낀다. 감사할 수 있는 능력 또한 인간만이 지닌 능력이다. 타인이 베푼 수고와 배려를 인식하고 감사를 표현하는 능력은 나와 타인의 긍정 정서를 끌어올리며 긍정적 행위에 의미를 부여한다. 세상의 그 어떤 호의도 당연하지 않다고 생각할 때 감사의 마음이 생긴다. 자신의 삶에 주어진 좋은 것들이 당연하지 않다는 마음은 자신이 지금 좋은 시간을 누리고 있으며 그래서 기쁘고 행복하다는 향유의 마음으로 이어진다.

유정 씨는 인생을 향유하는 방법을 모른다. 유복하게 자랐고 좋은 직장에 다니고 있으나 모든 일에 시큰둥하고 사는 게 재미없다. 어떤 일도 기대되지 않고 부정적인 결과만 예상된다. 유정 씨는 어렸을 때부터 잘하는 것은 당연하다고 생각하고 못하는 것은 용납하지 않는 부모의 질책을 들으며 자랐다. 늘 더 좋은 결과를 내야 한다며 스스로를 채찍질해왔기에 유정 씨 인생에 만족이란 없었다. 얼마 전에는 사내 동호회에서 총무를 맡게 되었는데, 모임을 잡을 때 사람들이 장소를 탐탁지 않아 할까 봐 전전긍긍했고, 모임 출석률이 저조하면 자기가 뭘 잘못해서 사람들이 안 나오는 건지 고민했다. 동호회 물건을 구입할 때면 사람들에게 흠집 잡히지 않으려고 스펙이며 가격을 비교하고 검색하느라 많은 시간을 쓴다. 유정 씨에게 동호회 활동은 더 이상 즐겁지 않다.

유정 씨는 자신이 완벽주의자라서 그렇다고 스스로 이해하고 있다. 그러나 유정 씨는 완벽주의자가 아니라 남에게 부정적인 피드백을 받는 것을 힘들어하는 것이다. 유정 씨는 긍정적인 부분을 인지하고 누릴 수 있는 능력이 부족한 반면 부정적인 부분에 대한 센서는 민감하게 발달되어 있다. 그래서 부정적인 부분에 모든 에너지를 쓰느라 인생이 피곤하다. 어떤 일을 보고 듣고 겪어도 자신이 해결해야 할 과제로 다가오고 잘할 수 있을까 걱정만 될 뿐이다.

브라이언트 교수는 향유의 능력을 잘 키우기 위한 세 가지 방법을 제시한다.

첫째, 다른 사람의 관심을 끌거나 인정받으려는 욕구에서 자유로워져야 한다.

타인의 평가나 인정을 받기 위해 노력하는 삶은 자신의 삶이 아니다. 쉽지는 않지만 꾸준히 벗어나려고 노력해야 한다. 유정 씨는 끊임없이 마음속 깊숙이에서 들리는 부모님의 질타의 목소리에 신경 쓰는 삶을 살아왔기에 향유의 기쁨을 알기 어려운 사람이 되었다.

둘째, 현재에 집중하는 삶이다.

현재에 집중하지 않으면 아름다운 예술 작품과 경이로운 자연을 보는 순간을 오롯한 나의 경험으로 만들 수 없다. 그저 어떤 미술관을 관람하고, 어떤 장소에 다녀왔다는 객관적 사실만 남게 된다. 향유하는 감각은 '음미'하고 '만끽'하는 것이기도 하다. 좋은 순간을 충분히 누리는 연습을 해보자.

셋째, 경험의 긍정적 측면에 주의를 기울여야 한다.

산을 오를 때 힘들고 지친다는 생각만 하지 말고 등산은 자연을 느끼는 동시에 건강해지는 유산소 운동이고 성취감도 느껴지는 의미 있는 행동이라고 생각해보자. 유정 씨는 부모가 정해주는 대로 인생을 살아왔기에 스스로 의미를 찾아내는 일에 익숙하지 않았다. 잘하는 것은 당연한 것이라 못하는 것에만 초점을 맞추고 살았기에 부정적 측면만을 인지했다. 자신을 완벽주의자라고 오해하며 나쁘고 부족한 것들을 찾아내는데 감각을 곤두세웠다. 이제부터 유정 씨는 긍정적인 면을 찾는 습관을 들여야 한다.

드라마 〈나의 해방일지〉를 보며 나는 향유하는 삶에 대해 다시 한번 생각했다. 이 드라마에서 주인공은 하루에 몇 초짜리 설레는 순간들을 모아 5분을 만들면 살 만해진다고 말한다. 이 드라마는 행복은 불행의 반대말이 아니며 인생은 행복과 불행이 동시다발적으로 일어나는 것임을 보여준다. 불행하다고 해서 행복한 일이 일어나지 않았다는 것이 아니고 행복하다고 해서 불행한 일이 일어나지 않았다는 것이 아니라며 우리 인생은 행복과 불행이 각각의 물결을 타고 있다고 말한다.

불행의 순간에도 우리는 찰나에 느끼는 행복의 순간을 꽉 움켜쥐어야 한다. 순간을 향유하는 사람만이 인생의 진정한 기쁨을 누릴 수 있을 것이다.

당신은 생각보다 강하다

초판 1쇄 발행 2023년 3월 3일
초판 5쇄 발행 2023년 6월 26일

지은이 전미경

발행인 이재진 **단행본사업본부장** 신동해
책임편집 이혜인 **편집장** 조한나
디자인 김은정 **제작** 정석훈
마케팅 최혜진 이은미 **홍보** 허지호

브랜드 웅진지식하우스
주소 경기도 파주시 회동길 20
문의전화 031-956-7208(편집) 02-3670-1123(마케팅)
홈페이지 www.wjbooks.co.kr
인스타그램 www.instagram.com/woongjin_readers
페이스북 www.facebook.com/woongjinreaders
블로그 blog.naver.com/wj_booking

발행처 ㈜웅진씽크빅
출판신고 1980년 3월 29일 제406-2007-000046호

©2023 전미경

ISBN 978-89-01-26923-8 03180